일제강점기 조선총독부 편찬

초등학교 <唱歌> 교과서 대조번역 (上)

『新編唱歌集』
『普通學校唱歌書』
『普通學校補充唱歌集』

김순전
사희영・박경수・문현일
장미경・박제홍・김서은

≪總目次≫

- 序　文 ·· 15
- 凡　例 ·· 33

『新編唱歌集』全
『신편창가집』 전권

第一篇
一	君(キミ)がよ ··	44
	기미가요 ···	45
二	一月一日(イチガツイチジツ) ·······································	46
	1월 1일(설날) ··	47
三	紀元節(キゲンセツ) ···	48
	기원절 ··	49
四	天長節(テンチョウセツ) ··	50
	천장절 ··	51
五	勅語奉答(チョクゴホウトウ) ··	52
	칙어봉답 ···	53
六	卒業式(ソツギョウシキ) ··	54
	졸업식 ··	55

第二篇
一	雁(カリ) ···	58
	기러기 ··	59
二	オ月(ツキ)サマ ···	60
	달 ··	61
三	兎(ウサギ)ト龜(カメ) ··	62
	토끼와 거북이 ···	63
四	ヒライタヒライタ ··	64
	피었네 피었어 ···	65
五	タコ ··	66

	연	67
六	日(ヒ)ノ丸(マル)ノ旗(ハタ)	68
	일장기	69
七	モモタロウ	70
	모모타로	71
八	サクラ	74
	벚꽃	75
九	花吹爺(ハナサカセジジイ)	76
	꽃피우는 할아버지	77
一〇	親(オヤ)の恩(オン)	78
	부모의 은혜	79
一一	時計(トケイ)	80
	시계	81
一二	富士山(フジサン)	82
	후지산	83
一三	春(ハル)が來(キ)た	84
	봄이 왔네	85
一四	小馬(コウマ)	86
	망아지	87
一五	田植(タウエ)	88
	모내기	89
一六	鶴(ツル)	90
	학	91
一七	師(シ)の恩(オン)	92
	스승의 은혜	93
一八	運動會(ウンドウカイ)(一)	94
	운동회(1)	95
一九	運動會(ウンドウカイ)(二)	96
	운동회(2)	97
二〇	あさがお	98
	나팔꽃	99
二一	菊(キク)	100
	국화	101
二二	秋(アキ)の山(ヤマ)	102
	가을산	103

二三	雪(ユキ)の朝(アシタ)		104
	눈 오는 아침		105
二四	正直(ショウジキ)		106
	정직		107
二五	二宮金次郎(ニノミヤキンジロウ)		108
	니노미야 긴지로		109
二六	職業(ショクギョウ)		110
	직업		111
二七	勤儉(キンケン)		112
	근검		113
二八	養蠶(ヨウサン)		114
	양잠		115
二九	同胞(ドウホウ)すべて七千萬(シチセンマン)		116
	동포 7천만		117

第三篇

一	雁	124
二	달	125
三	兎와龜	126
四	피엿네피엿네	127
五	紙鳶	128
六	時計	129

「普通學校唱歌書」第一學年用
『보통학교창가서』제1학년용

儀式ニ關スル唱歌
의식창가

	君(キミ)ガヨ	138
	기미가요	139
一	학교	140
二	동모	141
三	달	142
四	연	143

五	기럭이	144
六	픠엿네픠엿네	145
七	톡기와거북	146
八	시계	147
九	ガツコウ	148
	학교	149
一〇	トモダチ	150
	동무	151
一一	鳩(ハト)	152
	비둘기	153
一二	雁(ガン)	154
	기러기	155
一三	オ月(ツキ)サマ	156
	달님	157
一四	ヒライタ ヒライタ	158
	피었네 피었네	159
一五	兎(ウサギ)ト龜(カメ)	160
	토끼와 거북이	161
一六	親(オヤ)ノ恩(オン)	162
	부모의 은혜	163
一七	日(ヒ)ノマルノハタ	164
	일장기	165
一八	タコ	166
	연	167
一九	桃太郞(モモタロウ)	168
	모모타로	169

『普通學校唱歌書』第二學年用
『보통학교창가서』 제2학년용

儀式ニ關スル唱歌
의식창가

	君(キミ)ガヨ	178
	기미가요	179

	天長節(テンチョウセツ) ………………………………	180
	천장절 ………………………………………………………	181
一	木(キ)ウエ ………………………………………………	182
	나무심기 …………………………………………………	183
二	サクラ ………………………………………………………	184
	벚꽃 …………………………………………………………	185
三	ヨク學(マナ)ビヨク遊(アソ)ベ ………………………	186
	열심히 공부하고 신나게 놀아라 ………………………	187
四	花(ハナ)サカセジジイ …………………………………	188
	꽃피우는 할아버지 ………………………………………	189
五	カタツムリ …………………………………………………	190
	달팽이 ………………………………………………………	191
六	池(イケ)ノ鯉(コイ) ………………………………………	192
	연못의 잉어 ………………………………………………	193
七	ヒヨコ ………………………………………………………	194
	병아리 ………………………………………………………	195
八	小馬(コウマ) ………………………………………………	196
	망아지 ………………………………………………………	197
九	田植(タウエ) ………………………………………………	198
	모내기 ………………………………………………………	199
一〇	雨(あめ) ……………………………………………………	200
	비 ……………………………………………………………	201
一一	時計(とけい) ………………………………………………	202
	시계 …………………………………………………………	203
一二	物言(ものい)う龜(かめ) …………………………………	204
	말하는 거북이 ……………………………………………	205
一三	汽車(きしゃ) ………………………………………………	206
	기차 …………………………………………………………	207
一四	運動會(うんどうかい) ……………………………………	208
	운동회 ………………………………………………………	209
一五	兎(うさぎ) …………………………………………………	210
	토끼 …………………………………………………………	211
一六	富士山(ふじさん) …………………………………………	212
	후지산 ………………………………………………………	213
一七	牡丹臺(ぼたんだい) ………………………………………	214

　　　　　　모란대 ·· 215

「普通學校唱歌書」第三學年用
『보통학교창가서』제3학년용

　　儀式ニ關スル唱歌
　　의식창가
　　　　　　君(きみ)がよ ··· 224
　　　　　　기미가요 ·· 225
　　　　　　一月一日(いちがついちじつ) ·· 226
　　　　　　1월 1일(설날) ·· 227
　　　　　　紀元節(きげんせつ) ··· 228
　　　　　　기원절 ·· 229
　　　　　　天長節(てんちようせつ) ··· 230
　　　　　　천장절 ·· 231
　　　　　　勅語奉答(ちよくごほうとう) ··· 232
　　　　　　칙어봉답 ·· 233
　　　　　　卒業式(そつぎようしき) ··· 234
　　　　　　졸업식 ·· 235
　　一　　　春(はる)が來(き)た ·· 236
　　　　　　봄이 왔네 ··· 237
　　二　　　鴨綠江(おうりよつこう) ··· 238
　　　　　　압록강 ·· 239
　　三　　　雲雀(ひばり) ··· 240
　　　　　　종달새 ·· 241
　　四　　　二宮金次郞(にのみやきんじろう) ···································· 242
　　　　　　니노미야 긴지로 ·· 243
　　五　　　燕(つばめ) ·· 244
　　　　　　제비 ··· 245
　　六　　　あさがお ·· 246
　　　　　　나팔꽃 ·· 247
　　七　　　鶴(つる) ·· 248
　　　　　　학 ·· 249
　　八　　　京城(けいじよう) ·· 250

九	경성	251
	取入(とりい)れ	254
	추수	255
一〇	菊(きく)	256
	국화	257
一一	運動會(うんどうかい)	258
	운동회	259
一二	秋(あき)の山(やま)	260
	가을산	261
一三	釜山港(ふざんこう)	262
	부산항	263
一四	師(し)の恩(おん)	264
	스승의 은혜	265
一五	おもいやり	266
	배려	267
一六	雪(ゆき)の朝(あした)	268
	눈 오는 아침	269
一七	女子(じょし)の務(つとめ)	270
	여자의 본분	271

『普通學校唱歌書』第四學年用
『보통학교창가서』제4학년용

儀式ニ關スル唱歌
의식창가

君(きみ)がよ	280
기미가요	281
一月一日(いちがついちじつ)	282
1월 1일(설날)	283
紀元節(きげんせつ)	284
기원절	285
天長節(てんちょうせつ)	286
천장절	287
勅語奉答(ちょくごほうとう)	288

	칙어봉답	289
	卒業式(そつぎようしき)	290
	졸업식	291
一	明治天皇御製(めいぢてんのうぎよせい)	292
	메이지 천황 지음	293
二	みがかずば	294
	갈고 닦지 않으면	295
三	養蠶(ようさん)	296
	양잠	297
四	日本(にほん)の國(くに)	298
	일본	299
五	開校記念日(かいこうきねんび)	300
	개교기념일	301
六	水師營(すいしえい)の會見(かいけん)	302
	수사영의 회견	303
七	職業(しよくぎよう)	308
	직업	309
八	つとめてやまず	310
	끊임없이 노력하며	311
九	かぞへ歌(うた)	312
	숫자 노래	313
一〇	鄭民赫(ていみんかく)	318
	정민혁	319
一一	勤儉(きんけん)	320
	근검	321
一二	金剛山(こんごうさん)	322
	금강산	323
一三	日本海海戰(にほんかいかいせん)	326
	일본해해전	327
一四	冬景色(ふゆげしき)	330
	겨울풍경	331
一五	金剛石(こんごうせき) 水(みず)は器(うつわ)	332
	금강석, 물은 그릇 나름	333
一六	正直(しようじき)	334
	정직	335

| 一七 | 婦德(ふとく) | 336 |
| | 부덕 | 337 |

『普通學校補充唱歌集』
『보통학교보충창가집』

第一學年用

一	トンボ	352
	잠자리	353
二	ブランコ	354
	그네	355
三	子リス	356
	아기다람쥐	357
四	ギイッコンバッタン	358
	널뛰기	359
五	달	360
六	연	361
七	피엿네피엿네	362
八	기럭이	363
九	토끼와거북	364
一〇	팽이	365

第二學年用

一	山にぽっつり	368
	산에 홀로	369
二	馬と月	370
	말과 달	371
三	ぶらんこ	372
	그네	373
四	牛飼い	374
	소 기르기	375
五	자라난다	376
六	나븨	377
七	登校	378

八	물방아	379
九	토끼놀음	380
一〇	쌀악눈과닭	382

第三學年用

一	春のわらい	384
	봄이 오는 소리	385
二	四十雀	386
	박새	387
三	石工	388
	석공	389
四	雉子うちじいさん	390
	꿩 사냥꾼 할아버지	391
五	お髯の長いおじいさん	392
	수염이 긴 할아버지	393
六	運動會	394
	운동회	395
七	物言う龜	396
	말하는 거북이	397
八	나물캐기	400
九	배우는바다	401
一〇	四時景槪歌	402

第四學年用

一	美しい角	404
	아름다운 뿔	405
二	甕(かめ)	406
	항아리	407
三	きぬた	408
	다듬이질	409
四	牡丹臺	410
	모란대	411
五	長煙管	412
	긴 담뱃대	413
六	朝日·夕日	414

	아침 해 저녁 노을 ……………………… 415
七	凧 ……………………………………… 416
	연 ……………………………………… 417
八	釜山港 ………………………………… 418
	부산항 ………………………………… 419
九	갈지라도 ……………………………… 420
一〇	白頭山 ………………………………… 421

第五學年用

一	雞林 …………………………………… 424
	계림 …………………………………… 425
二	がちの巣 ……………………………… 428
	까치집 ………………………………… 429
三	高麗の舊都 …………………………… 430
	고려의 옛 수도 ……………………… 431
四	木うゑ ………………………………… 432
	나무심기 ……………………………… 433
五	鄭民赫 ………………………………… 434
	정민혁 ………………………………… 435
六	燕 ……………………………………… 436
	제비 …………………………………… 437
七	鴨綠江 ………………………………… 438
	압록강 ………………………………… 439
八	遲刻마세 ……………………………… 440
九	放學의作別 …………………………… 441
一〇	餘業의滋味 …………………………… 442

第六學年用

一	ばかちの船 …………………………… 446
	바가지 배 …………………………… 447
二	野邊の秋 ……………………………… 448
	들녘의 가을 ………………………… 449
三	百濟の舊都 …………………………… 450
	백제의 옛 수도 ……………………… 451
四	成三問 ………………………………… 456

	성삼문	457
五	ぽぷら	458
	포플러나무	459
六	昔脱解	460
	석탈해	461
七	京城	464
	경성	465
八	女子の務	468
	여자의 본분	469
九	金剛山	470
	금강산	474
一〇	冬季遠足	485

序文

1. 조선총독부 편찬
『초등학교〈唱歌〉교과서 대조번역』 발간의 의의

　본서는 일제강점기 조선총독부에 의해 편찬된 관공립 초등학교용〈唱歌〉교과서 『新編唱歌集』(1914, 전학년용, 1권), 『普通學校唱歌書』(1920, 4권), 『普通學校補充唱歌集』(1926, 전학년용, 1권), 『みくにのうた』(1939, 전학년용, 1권), 『初等唱歌』(1939~41, 6권), 『ウタノホン』(1942, 2권), 『初等音樂』(1943~44, 4권) 등 총19권의〈唱歌〉교과서에 대한〈대조번역서〉이다.

　교과서는 국민교육의 정수(精髓)로, 한 나라의 역사진행과 불가분의 관계성을 지니고 있어, 어느 시대든 교과서 입안자의 의도는 물론이려니와 그 교과서로 교육받은 세대(世代)가 어떠한 비전을 가지고 새 역사를 만들어가려 하였는지 알아낼 수 있다. 이에 소멸되거나 산재되어 있는 일제강점기 공교육의 기반이 되었던 교과서를 하나씩 찾아내어 새로이 원문을 구축함과 더불어 이를 번역 출판하는 작업은 '敎育은 百年之大計'로 여기고 공교육을 계획하는 국가 교육적 측면에서도 매우 중요한 일일 것이다.

　주지하다시피 한국의 근대는 일제강점기를 전후한 시기와 중첩되어 있어 정치, 경제, 사회, 문화, 교육 등등 모든 방면에 이르기까지 일제의 영향을 배제하고는 생각하기 어렵다. 이는 특히 교육부문에서 두드러지게 나타난다. 근대교육을 여는 시점에서부터 일본의 간섭이 시작됨에 따라 한국 근대교육은 채 뿌리를 내리기도 전에 교육정책과 교육과정의 수립은 물론, 공교육을 위한 교과서까지도 일제에 의해서 이루어졌다.

때문에 본 집필진은 이미 수년 전부터 일제강점기 조선총독부 편찬 초등교과서의 발굴 및 복원 정리와 연구에 진력하였다. 그 결과 당시 주요 교과였던 〈修身〉 교과서 전권(全卷)의 원문서와 번역서를 출간한 바 있으며, 〈國語(일본어)〉 교과서 전권에 대한 원문서와 번역서의 출간을 지속적으로 진행하여, 현재 원문서의 경우 거의 마무리단계에 와 있다. 또한 이들 교과서에 대한 집중연구의 결과는 이미 연구서로 출간되어 있는 상태이다.

본서 조선총독부 편찬 『초등학교 〈唱歌〉 교과서 대조번역』의 발간은 이러한 작업의 일환이면서도 나름의 상당한 의미를 내포하고 있다. 이는 아동기 〈唱歌〉 교육의 효과가 전파성이나 지속성 면에서 여타 교과목에 비해 월등한 효과를 드러낼 뿐만 아니라, 아동기에 배우고 따라 불렀던 노래가 아동기 바로 그 자체였던 만큼, 그 백지의 영혼에 입력된 기억은 생을 다할 때까지 어떤 형태로든 인간의 思考에 크게 작용하기 때문이다. 인간의 라이프사이클 중 노년기에 들어 기억력이 급격히 감퇴되거나, 혹은 치매 등으로 대부분의 기억을 잃었다 해도 아동기에 배우고 따라 불렀던 노래만큼은 생생하게 기억하고, 또 그것이 일평생의 정서세계나 행동양식을 좌우하게 된다는 사실에서도 쉽게 알 수 있는 부분일 것이다.

식민지 공교육제도 안에서도 가장 기초적인 교육기관인 초등학교에서의 〈唱歌〉 교육은 식민지교육의 최고 목표인 '同化' 혹은 '皇民化' 측면에서 여타의 교과목에 비해 월등한 강점이 있다. 〈唱歌〉 교과서에 수록된 곡의 면면을 살펴보면, 가장 일본적인 색채가 농후한 선율에 율격 또한 '와카(和歌)'나 '하이쿠(俳句)'의 기본율격[1]에서 파생된 7·5조의 일본식 율격을 취하고 있는데, 이러한 7·5조 율격이 일제강점기를 전후하여 문명의 기치를 내건 동화정책의 일환으로 일반인들의 정서에까지 침투되었다. 가사내용을 보아도 〈修身〉 교과서와 〈國語〉 교과서에 수록되어 있는 운문에 곡조를 붙인 〈修身唱歌〉나 〈讀本唱歌〉가 상당수 있으며, 또 산문의 경우도 7·5조 율격의 詩語로 축약하여 곡조를 붙여 수록한 것도 이에 못지않다.

이들 내용 대부분이 식민지 동화교육의 핵심이라 할 수 있는 국가 이데올로기 혹은 천황·천황가와 연관된 내용이라는 점에서 〈唱歌〉 교육은 일본정서의 이식에 매우 유효하였다. 일제가 초등학교 〈唱歌〉 교과서에 식민지 교육정책의 핵심을 담아 황국신민육성을 꾀하였던 것도, 식민지 말기로 갈수록 〈唱歌〉과의 비중이 점차 커져갔다는 것도 바로 이러한 까닭에 연유한다 할 것이다.

이처럼 식민지 초등음악교육은 실로 일제가 식민지 지배질서 확립을 위하여 추진하였던 문화정책 중에서도 매우 큰 비중을 차지하고 있었다. 무엇보다도 접근성의 유리함과 반복 가창 구전됨으로써 신속하고 지속적인 효과를 얻을 수 있다는 점에서 일제는 이의 효과적인 운용을 위하여 각종 법령으로 뒷받침하고 이를 시스템화 하였다. 일제에 의해 시작된 이

---

1) 7·5조 전통은 일본 고유의 詩歌 형식인 5·7·7조(片歌), 5·7·5·7·7조(短歌), 5·7·5·7·5·7 ~ 5·7·7조(長歌)의 '和歌' 음수율에서 파생된 5·7·5의 17음만으로 이루어지는 '俳句' 음수율에 근거한다. 明治이후 서양음악 도입에 따라 화양절충(和洋折衷)되어 일본식 율격으로 정착된 7·5조의 율격은 이러한 '하이쿠'의 음수율에서 기인한다. 그것이 때로는 4·3·5조나 3·4·5조로 분화되거나 음수를 가감하는 율격으로 나타나기도 하지만, 전체적인 리듬 안에서 7·5조의 율격으로 그 자리를 굳혀 갔다.

모든 음악적 시스템이 근대 한국의 초등음악으로 정착되어 오늘날까지 이어지고 있다는 사실은 실로 안타까운 현실이 아닐 수 없다.

본서의 출판은 이러한 과거의 뼈아픈 역사의 재음미라기보다는 아직까지도 제대로 정리되거나 연구되지 않은 기초학문분야에 대한 정리와, 일본 국수주의자들의 식민지발전론과 같은 논리를 불식시키는 이론적 토대를 확립하는데 있다.

한국이 일본에 강제 병합된 지 어언 100년이 지나버린 이 시점에서, 과거 민족의 뼈아팠던 기억은 그 시대를 살아온 선인들이 점차 유명을 달리하게 됨에 따라 갈수록 희미해져 가고 있다. 국가의 밝은 미래를 그려보기 위해서는 지난날의 힘들고 어려웠던 고빗길을 하나하나 되짚어 보는 작업이 선행되어야 함에도, 현실은 급변하는 세계정세를 따르는데 급급하여 이러한 작업은 부차적인 문제로 취급되고 있는 실정이다. 물론 여기에는 관련 자료발굴이나, 일본어 해독의 난해함에서 오는 접근성의 어려움 등도 하나의 원인으로 작용하였으리라고 본다. 그렇지만 과거를 부정하는 미래를 생각할 수 없기에 이러한 작업이 무엇보다도 우선시되어야 할 필요성을 더욱 절감하는 것이다.

최근 일본에서는 국가주의를 애국심으로 환원하여 찬양하려는 움직임이 다시 태동하고 있는데, 이같은 일본의 자세에 대해 감정적이 아닌 실증적인 자료 제시의 필요성을 느낀다. 본서 **조선총독부 편찬 『초등학교 〈唱歌〉 교과서 대조번역』**은 이에 대한 실증적 자료가 될 것이다. 또 이를 통하여 초등학교 음악교육의 목적과 진행방식을 널리 알릴 수 있음은 물론이려니와, 이의 연구자들에게는 실증적 연구의 토대로 제공될 수 있을 것이다.

2. 일제강점기 초등음악교육의 전개와 〈唱歌〉 교과서

2.1 식민지 초등음악교육의 전개

한국에서 초등학교 음악교육의 역사는 통감부에 의한 '학교령시행기'[2]인 1906년 8월 이후 시작되었다고 보는 것은 1906년 8월 공포된 〈普通學校令〉에 의하여 한국 초등학교에 〈唱歌〉 교과가 설정되었기 때문이다. 이 법령에 "時宜에 따라 唱歌科目를 채택할 수 있도록"하는 조항을 둠으로써 비로소 초등교과목에 '창가' 과목이 배정되어 공식적인 음악교육이 시작되었다. 그러나 당시의 음악교육 환경은 국권회복이라는 시대적 과제가 놓여있는 데다가, 전통적으로 노래를 홀대하던 사회 분위기였던 탓에 열악하였다. 교육법령에 의하여 〈唱歌〉 과목이 배정되기는 하였지만, 음악교과직제도 없었으며, 이를 운영할 만한 여건도 되지 못했다. 음악교사는 물론이고 음악교사 양성기관조차 없었으며 음악교과 도서와 음악교육 기자재 또한 전혀 갖추어지지 않아, 그야말로 '時宜에 따라' 운영할 수밖에 없는 처지였다. 때문에 당시 학교음악은 교과목표에서부터 명칭, 과정, 음악교과용도서, 음악교사양성방침 등 음악교육에 관련된 제반 사항은 통감부가 정한 방향에 따를 수밖에 없었다.

일본의 초등학교 예능과 음악의 기초가 된 것은 1891년 11월, 〈文部省令〉에 의해 개설된 소학교의 〈唱歌〉 과이다. 당시 〈小學校敎則大綱〉 제10조를 보면 "唱歌는 귀 및 발성기를 연습시켜, 용이하게 歌曲을 부를 수 있게 함과 아울러 音樂의 美를 분별하여 알게 하고 덕성을 함양하는 것을

---

2) 대한제국은 1906년 4월부터 각종 '勅令'과 '學部令'을 공포하였다. 그 중 음악교과와 관련된 법령은 〈고등여학교령시행규칙〉(1906.4 학부령 제9호), 〈보통학교령〉(1906.8 칙령 제44호), 〈보통학교령시행규칙〉(1906.8 학부령 제23호), 〈고등학교령시행규칙〉(1906.8 학부령 제21호), 〈사범학교령〉(1906.8 학부령 제20호)이다.

요지로 한다."는 것으로 〈唱歌〉과의 목적을 명시하고 있다. 이어서 1900년 8월, 개정된 〈小學校令〉의 〈小學校令施行規則〉 제9조를 보면 "창가는 평이한 가곡을 부를 수 있게 함과 아울러 음악의 미를 기르고 덕성의 함양에 도움되는 것을 요지로 한다."고 기록되어 있는데, 이 조문은 그대로 조선에서 〈普通學校令施行規則〉이 되었다.

한국 초등학교에서 공식적으로 음악교과서가 사용된 것은 1906년 학교 교육제도가 일본식으로 개편된 이후이다. 그러나 〈唱歌〉 교과서는 대한제국 학부에서 직접 편찬하지 않고 일본에서 사용한 『尋常小學唱歌』(1906)를 수입하여 1908년 '학부인가교과도서'로 지정하여 사용하였다. 그러니까 관공립학교에서 처음 사용된 『新編教育唱歌集』은 일본에서 만들고 일본에서 사용한 음악교과서를 그대로 옮겨온 것에 불과하다.

일제강점기 이전에 조선의 공교육에 사용한 최초의 음악교과서는 1910년 5월 20일 대한제국 學部에서 편찬한 한글판 『普通教育唱歌集』이다. 『普通教育唱歌集』은 한국에서 발행한 〈唱歌〉 교과서로서는 최초의 것이라고는 하나, 이 역시 일본 교과서에 수록된 곡에서 선별하여 번역 출간한 것이었다. 일본 전래의 노래, 메이지(明治)기 서양음악을 도입하여 화양절충(和洋折衷)된 곡, 일본정서가 뚜렷한 곡들을 번역 수록하여 일본적 정서에 흡수 동화시키고자 함이었다. 이러한 의도는 책머리의 '例言'에 내포되어 있다.

    一 本書는普通學校,師範學校,高等學校,高等女學校等其他一般諸學校에셔教授할目的으로써編纂호者이라
    二 本書는教師用又는學員,學徒用으로使用홈을得홈이라
    三 本書는學校에셔教授홀뿐아니라家庭에셔使用홈도亦可홈이라[3]

---

3) 學部(1910), 『普通教育唱歌集』, 韓國政府印刷局, p.1

위 '例言'의 대상을 보면 보통학교는 물론이려니와 사범학교, 고등학교, 고등여학교를 포함한 모든 학교의 학생과 교사용이라 명시되어 있어 보통학교 학도만을 위한 『普通敎育唱歌集』이 아님을 표명하고 있으며, 심지어는 가정에서도 사용함을 목적으로 하였던 만큼, 기존의 음악관련 서적을 일소하려는 정책적 측면을 드러내고 있다. 여기에 식민지 음악교육의 통제와 일본식 정서주입이라는 이중의도가 담겨 있음을 알 수 있다.

1910년 8월 합병 이후부터는 식민지 초등음악 교육목적에 따라 조선총독부가 편찬한 〈唱歌〉 교과서를 관공립학교를 중심으로 사용하게 된다. 여기에 식민지 초등음악 교육목적이 고스란히 담겨 있으며, 식민지 말기로 갈수록 점차 강화된 면을 보인다. 이는 4차례에 걸친 시기별 〈朝鮮敎育令〉(이하 敎育令)의 초등학교 규정에 구체적으로 드러나 있는데, 각 규정 공히 그들의 음악적 정서 이식을 전제하고 있어, 음악교육을 통하여 문명국으로 흡수형식의 동화, 나아가서는 황국신민화를 꾀하고 있었음이 파악된다. 각 교육령시기별 음악교육에 관한 법령을 〈표 1〉로 정리하였다.

〈표 1〉 〈朝鮮敎育令〉 시기별 음악교육규정

교육령 (공포일)	법적근거	내용
1차 (1911.8.23)	보통학교규칙 13조 조선총독부령 제100호 (1911.10.20)	* 창가는 평이한 가곡을 부를 수 있어야 하며, <u>심정을 순정하게 하고 덕성을 함양하는 것</u>을 요지로 한다. * 창가는 단음창가를 가르쳐야 하며, 그 가사 및 악보는 平易雅情하여 <u>아동의 심정을 쾌활순미하게 기를 수 있는 것</u>을 선택하여야 한다. * 창가를 가르칠 때에는 난해한 가사에 대하여 설명을 덧붙이고 <u>그것의 大義를 了解할 수 있도록</u> 하여야 한다.
2차 (1922.2.4)	보통학교규정 17조	* 창가는 平易한 가곡을 부를 수 있어야 하며, 또한 미적인 감각을 기르고 덕성을 함양하는 것을 요

3차 (1938.3.3)	조선총독부령 제8호 (1922.2.20)	지로 한다.
	소학교규정 26조 조선총독부령 제24호 (1938.3.15)	* 창가는 平易한 가곡을 부를 수 있어야 하며, 심정을 순정하게 하고 덕성을 함양하는 것을 요지로 한다. * 심상소학교에서는 단음창가를 부를 수 있어야 하며, 점차 나아가서는 평이한 복음창가를 불러도 무방하다. * 가사 및 악보는 平易하면서도 단아하고 바르게 하여 아동은 심정을 쾌활순미하도록 해야 한다. * <u>가사는 될 수 있는 대로 황국신민으로서의 情操를 함양하는데 적절한 것을 골라서 취하도록 한다.</u>
4차 (1943.3.8)	국민학교령 (1941) 국민학교규정 15조 (1941.3.1)	* <u>예능과의 음악은 가곡을 바르게 가창하고 음악을 감상하는 능력을 길러서 황국신민으로서의 정조를 순화하는 것</u>으로 한다. * 초등과는 평이한 단음창가를 부과하며, 적절하게 輪창가 및 중음창가를 추가하고 음악을 감상시키도록 해야 한다. * 또 악기지도도 할 수 있으며, 창가와 관련하여 적절하게 악전의 초보를 가르쳐야 한다.
	조선총독부령 제90호 (1943.3.31)	* <u>가사 및 악보는 국민적이어서 아동의 심정을 쾌활, 순미하게 하고 덕성을 함양하는데 기여하도록 해야 한다.</u> * 아동의 음악적 자질을 계발하여 고상하고 우아한 취미를 함양하며 <u>국민음악창조의 토대가 되도록</u> 해야 한다. * <u>발음과 청음의 연습을 중시하여 자연적인 발성에 따르는 올바른 발음을 하도록 하며, 또한 음의 고저, 강약, 음색, 율동, 화음 등에 대하여 예민한 청각을 육성하도록 해야 한다.</u> * <u>축제일 등의 창가에 대해서는 주도면밀한 지도를 하여 경건한 念을 기르며, 애국의 정신을 앙양하도록 힘써야 한다.</u> * 학교 행사 및 단체행동과의 관련에 유의하여야 한다.

규정상 표면에 드러나 있는 음악교육의 요지를 보면, 〈一次 敎育令〉시기에는 아동의 미적 감각과 덕성함양에 중점을 두었고, 난해한 가사에 대해서는 설명을 덧붙여 大義를 이해할 수 있도록 하였다. 〈二次 敎育令〉시기는 문화정치가 시행되었던 까닭에 〈一次 敎育令〉시기에 비해 다소 완화된 면을 보여주고 있다. 그러다가 중일전쟁(1937)을 계기로 본격적인 전쟁기로 접어든 〈三次 敎育令〉시기에서부터 크게 일변한다. 기존의 규정에 '황국신민으로서의 情操를 涵養하는데 적절한 것을 취하도록' 하는 규정을 더하여 〈唱歌〉과 역시 황국신민으로의 연성이 크게 부각되어 있다.

식민지 초등음악교육규정의 획기적인 변화는 〈四次 敎育令〉의 〈國民學校規定〉에서 찾아볼 수 있다. 〈표 1〉에서 알 수 있듯이 〈四次 敎育令〉시기는 무엇보다도 '二世國民의 國民化를 위한 國民音樂의 創造'에 그 목적을 두고 있어 가사 및 악보를 취하는 것에서부터 발음과 청음연습, 예민한 청각육성이 실전에 대비한 교육임을 말해주고 있다. 특히 '축제일 등의 창가(의식창가)에 대한 주도면밀한 지도로 애국정신 앙양'을 도모하는 내용의 규정을 삽입하여 실전을 대비한 정신교육을 강조한 것도 간과할 수 없는 부분이라 하겠다.

2.2 일제강점기 〈唱歌〉 교과서와 주당 교수시수

조선총독부는 〈표 1〉의 시기별 음악교육규정을 바탕으로 〈唱歌〉 교과서를 편찬하였고 이를 공교육 현장에서 교육함으로 의도된 교육목적을 점진적으로 달성해 나갔다. 무엇보다 주목되는 점은 사용언어의 표기일 것이다.

일제강점기 조선총독부에 의해 편찬된 〈唱歌〉 교과서는 강점초기 일본어에 익숙하지 못한 식민지 아동의 접근성을 고려하여 『新編唱歌集』(1914)과 『普通學校唱歌書』(1920) 1학년용에 한하여 한글표기 곡을 일부

수록하였을 뿐, 대부분이 일본어표기로 되어 있다. 다만 〈二次 敎育令〉시기에 보충교재로 발간한 『普通學校補充唱歌集』(1926)에 23곡을 수록하였던 것은 3·1운동 이후 조선총독부의 정책방향이 문화정책으로 선회하였던 까닭에 조선인의 정서를 감안한 것으로 볼 수 있겠다.

〈三次 敎育令〉이후의 〈唱歌〉교과서는 전면 일본어표기로 되어 있어 한글표기 곡은 전무하다. 이는 본격적으로 그들의 음악적 장치에 언어적 이데올로기 주입을 획책하고 있었음을 말해주고 있다. 각 교육령 시기별 〈唱歌〉교과서의 편찬과 수록곡에 대한 사항을 〈표 2〉로 정리하였다.

〈표 2〉조선총독부 발간 〈唱歌〉교과서의 편찬사항과 수록곡 분류표

시기	교 과 서 명	발행년월	일본어창가		조선어창가(%)	계	비고
			의식창가(%)	일반창가(%)			
1차	新編唱歌集(전학년)	1910. 5	6(6.8)	29(70.7)	6(6.8)	41	일본어, 한글
	普通學校唱歌書(1學年)	1920. 3	1(5.0)	11(55.0)	8(40.0)	20	〃
	普通學校唱歌書(2學年)	〃	2(10.5)	17(89.5)	-	19	일본어
	普通學校唱歌書(3學年)	〃	6(26.1)	17(73.9)	-	23	〃
	普通學校唱歌書(4學年)	〃	6(26.1)	17(73.9)	-	23	〃
2차	普通學校補充唱歌集	1926. 1		37(61.7)	23(38.3)	60	일본어, 한글
3차	みくにのうた(전학년)	1939. 3	11(100)	-	-	11	일본어
	初等唱歌(1學年)	〃	-	25(100)	-	25	〃
	初等唱歌(2學年)	〃	-	25(100)	-	25	〃
	初等唱歌(3學年)	1940. 3	-	25(100)	-	25	〃
	初等唱歌(4學年)	〃	-	25(100)	-	25	〃
	初等唱歌(5學年)	1941. 3	-	25(100)	-	25	〃
	初等唱歌(6學年)	〃	-	25(100)	-	25	〃
4차	ウタノホン 一年(1學年)	1942. 9	1(4.8)	20(95.2)	-	21	〃
	ウタノホン 二年(2學年)	1942. 10	2(9.1)	20(90.9)	-	22	〃
	初等音樂(3學年)	1943. 3	6(21.5)	22(78.5)	-	28	〃
	初等音樂(4學年)	〃	6(21.5)	22(78.5)	-	28	〃
	初等音樂(5學年)	1944. 3	7(24.1)	22(75.9)	-	29	〃
	初等音樂(6學年)	〃	7(24.1)	22(75.9)	-	29	〃
	총 수 록 곡		61 (12.1%)	406 (80.6%)	37 (7.3%)	504	

또 하나 간과 할 수 없는 것은 일본적 정서와 제국주의적 성격이 가장 두드러진 의식창가(儀式唱歌)를 위와 같이 전 시기 각권에 공통 수록하여 국체인식은 물론, 군국일본을 위한 충성심을 유도하였다는 점이다.

모두 3편으로 구성된『新編唱歌集』의 제1편은「君が代」,「一月一日」,「紀元節」,「天長節」,「勅語奉答」,「卒業式」등 6곡의 의식창가가 수록되어 각 학년 공히 교육되었다.『新編唱歌集』이 전학년용인데 비해, 학년별 교육의 필요성에 의해 1920년 1월 편찬된『普通學校唱歌書』는 전4권으로 편성되어 있다. 수록된 의식창가는 제1학년용에『君が代』, 제2학년용에는「君が代」와「天長節」, 제3학년과 4학년용에는「君が代」,「一月一日」,「紀元節」,「天長節」,「勅語奉答」,「卒業式」등 6곡이 수록되어 있다. 이는 조선아동이 다니는 보통학교의 교육과정이 4년제이면서도 실제로는 3년으로 단축된 학교가 많았던 점에 착안한 조선총독부가 보통학교 3년 과정에서 의식창가를 모두 익힐 수 있게 하려는 의도였을 것이다.

베네딕트 앤더슨이『상상의 공동체』에서 "아무리 가사가 진부하고 곡이 평범하다 하여도 國歌를 부르는데서 同時性을 경험할 수 있다."[4]고 하였듯이, 학교에서 배워 실생활에까지 연계하는 의식창가는 각기 다른 장소이거나 서로 모르는 사이일지라도 同時性, 즉 일체감을 유발함과 아울러 전파성 지속성 등 초등음악교육의 효과를 배가하였다. 가장 일본적인 의식창가를 통하여 조선아동에게 일본정서를 심어주고, 아울러 반복 가창 혹은 제창하게 함으로 교육의 극대화를 꾀하였다.

이러한 점에서 내선일체와 황민화에 교육목적을 두었던 〈三次 教育令〉 시기에 별책으로 발간된『みくにのうた』(1939, 전학년용)는 기존의 의식창가에「神社參拜唱歌」와 당시 제2의 國歌로까지 불렸던「海ゆかば」, 군가적 성격을 띤「愛國行進曲」등을 새로이 추가함으로 전쟁에 대한 의기

---

4) 베네딕트 앤더슨·윤형숙 역(2002),『상상의 공동체』, 나남출판, p.188

를 고취시키기도 하였다. 그러다가 〈四次 敎育令〉 시기에는 다시 각 학년별로 적게는 1곡, 많게는 7곡까지 반복 수록하여 교육함으로써 의식교육의 지속성을 유지하였다.

이와 더불어 교육된 『初等唱歌』(1939~1941)의 「愛馬進軍歌」, 「國民進軍歌」, 「空の勇士」, 「興亞行進曲」, 「太平洋行進曲」 등이나, 『ウタノホン』(1942)의 「兵たいさん」「ヒカウキ」, 「軍カン」, 「テツカブト」, 「おもちゃの戰車」 등, 『初等音樂』(1943~1944)의 「忠靈塔」, 「戰友」, 「大東亞」, 「少年戰車兵」, 「肇國の歌」, 「落下傘部隊」 등이 군가적 성격이 농후한 단원은 궁극적으로 황국신민양성, 즉 전쟁동원을 위한 인력양성을 목적으로 하였음을 알 수 있다.

다음은 각 교육령별 주당 교수시수이다.

〈표 3〉 각 교육령 시기별 주당 교수시수

시기 과목/ 학년	제1차 조선교육령				제2차 조선교육령						제3차 조선교육령						제4차 조선교육령					
	1	2	3	4	1	2	3	4	5	6	1	2	3	4	5	6	1	2	3	4	5	6
창가	3	3	3	3	3	3	3	1	1	1	4	4	1	1	2	2	5	6	2	2	2	2
체조								남3 여2	남3 여2	남3 여2			3	3	남3 여2	남3 여2						

〈표 3〉을 보면 이전 통감부 시기에는 '時宜에 따라' 적절하게 운용하였던 〈唱歌〉과가 〈一次 敎育令〉 기에는 〈體操〉과와 더불어 각 학년에 주당 3시간씩 배정되었으며, 〈二次 敎育令〉 기에는 4학년부터 독립교과로서 시간이 배정되어 있음을 알 수 있다. 그것이 〈三次 敎育令〉 기에 접어들면서 〈體操〉 과목과 더불어 중요성이 부각됨에 따라 시수도 늘어나게 되었다. 1, 2학년은 〈體操〉 과와 더불어 4시간씩 배정되었으며, 3학년부터는 독립교과목으로서 1시간을, 5학년부터는 2시간으로 증가 배정하였다.

앞서 언급하였듯이 〈四次 敎育令〉기 교과목 체제가 일변하게 됨에 따라 예능과로 개설된 6과목(음악, 습자, 도화, 공작, 가사, 재봉) 중 분화 독립된 '음악' 과목으로서 저학년에 5~6시간, 3학년부터는 2시간씩 배정하고 있다.

초기의 〈唱歌〉과는 〈體操〉과와 더불어 적절하게 운용할 수 있도록 시수배정을 하고 있어, 특히 〈體操〉 과목과의 연계를 주장하고 있었다. 그것이 식민지 말기로 갈수록 〈體操〉 이외의 타과목과의 연계성을 고려하면서도 독립된 교과목으로서 별도로 시수배정을 하여 그 중요성을 부각하였다.

일제의 식민지 정책은 〈唱歌〉 과목의 장점을 통하여 이처럼 유효적절하게 운용되고 있었다. 식민지 교육목적에 따라 제정된 교육법령, 그에 따라 편찬된 교과서와 배정된 수업시간에 의하여 식민지 조선아동은 그들의 음악적 정서 안으로 서서히 편입되어가고 있었던 것이다.

3. 본서의 편제 및 구성

본 조선총독부 편찬 『초등학교 〈唱歌〉 교과서 대조번역』은 가사내용의 대조번역서이므로 악보 부분은 생략하였다. 上卷에 수록된 의식창가나 中卷의 『みくにのうた』에 수록된 의식창가의 원문은 각 절을 숫자로 표기하고 있으나, 下卷에 수록된 의식창가 중 「一月一日」과 「紀元節」이 각 절을 장(章)으로 표기하고 있어 그대로 반영하였다.

아래 〈표 4〉는 조선총독부 편찬 〈唱歌〉 교과서의 발간시기와 수록곡 분량에 따라 구성한 본서의 편제이다.

〈표 4〉 조선총독부 편찬 『초등학교 〈唱歌〉 교과서 대조번역』의 편제

권	교 과 서 명	발행년도	권수	수록곡수	비고
上卷	新編唱歌集(全學年用)	1914	1	41	
	普通學校唱歌書(1~4學年)	1920	4	85	
	普通學校補充唱歌集(1~6學年)	1926	1	60	
	소 계		6권	186	조선어창가 37곡 포함
中卷	みくにのうた(全學年用)	1939	1	11	
	初等唱歌(1~6學年)	1939-1941	6	150	
	소 계		7권	161	
下卷	ウタノホン(1~2學年)	1942	2	43	
	初等音樂(3~6學年)	1943-1944	4	114	
	소 계		6권	157	
합 계			19권	504곡	

본서의 원문서인 당시의 〈唱歌〉 교과서는 가로쓰기와 세로쓰기를 병행하고 있다. 가로쓰기는 음악지도를 위한 악보에 삽입된 가사의 경우이고, 일반적으로 가사내용의 경우 전면 세로쓰기 형식을 취하고 있다.

본서는 세로쓰기로 되어 있는 원문 가사내용을 가로쓰기로 하여 左面에, 그리고 번역문은 右面에 수록하여 左右面을 동시에 보면서 대조할 수 있도록 구성하였다. 또한 원문서의 삽화는 左面 원문 부분에 배치하여 원문서가 가진 분위기를 최대한 살리기 위해 노력하였다.

4. 본서의 특징 및 성과

본 집필진이 심혈을 기울여 출판한 **조선총독부 편찬 『초등학교 〈唱歌〉 교과서 대조번역』**은 관련 연구자들의 연구적 기반이 됨은 물론, 배움 중

에 있는 학생이나 일반인들에게까지 충분히 다가갈 수 있을 것이다. 그 밖의 특징 및 성과는 다음 각 항으로 정리하였다.

(1) 그동안 한국근대사에서 배제되어 온 일제강점기 초등학교용 〈唱歌〉 교과서를 다층적, 종합적으로 파악할 수 있다.
(2) 일제강점기 〈唱歌〉 교과서에는 식민지 동화교육의 핵심이라 할 수 있는 국가적 이데올로기가 가사내용에 함축되어 있어 당시 교육정책의 입안자가 어떠한 비전을 가지고 있었는지, 그 교육을 받았던 세대(世代)가 장차 어떠한 방식으로 새역사를 창출해 갔는지도 알아낼 수 있다.
(3) 본서의 또 하나의 장점은 본 교과목의 특성상 체육이나 여타 예능과는 물론이려니와, 〈國語〉・〈修身〉 등의 교과목과도 불가분의 관계에 있어 일제강점기 전반적인 초등교육의 실태까지도 아울러 살필 수 있다.
(4) 일제강점기 조선의 관공립학교에서 교육된 조선총독부 편찬 〈唱歌〉 교과서 총 19권의 발굴 정리와 이의 원문구축은 일제의 식민지교육 정책과 방향이 실제 교육현장에서 어떻게 이루어지고 있었는지를 쉽게 파악할 수 있다.
(5) 조선총독부 편찬 〈唱歌〉 교과서에 수록된 곡의 상당수가 일본 〈唱歌〉 교과서에서 선택 수록한 것들이라는 점에서 양국 음악교육의 실상은 물론이려니와, 그것이 식민지인에게는 어떻게 왜곡되어 교육되었는지 알아낼 수 있다.
(6) 본서는 한국 근대초기 교육의 실상과 식민지 음악교육의 실체는 물론, 단절과 왜곡을 거듭하였던 한국근대사의 일부를 재정립할 수 있는 계기를 마련함으로써 다각적인 학제적 접근을 용이하게 할 것이다.
(7) 일제강점기의 〈唱歌〉 교과서는 대부분 일본어로 기술되어 있는 데다, 축약된 詩語로 표기되어 있어, 그동안 일반인들이나 연구자들의 접근

을 어렵게 하였다. 이에 원문과 번역을 일일이 대조하여 볼 수 있도록 구성한 본 집필진의 원문대비 〈대조번역서〉는 누구나 쉽게 접근할 수 있는 학문적 토대가 될 것이다.

본서는 개화기, 통감부기, 일제강점기로 이어지는 역사의 흐름 속에서 한국 근대교육의 실태는 물론이려니와, 일제에 의해 왜곡된 갖가지 논리에 대응하는 실증적인 자료를 제공함으로 연구자들의 연구 기반을 구축하였다고 자부하는 바이다.

이로써 그간 단절과 왜곡을 거듭하였던 한국근대사의 일부를 복원·재정립할 수 있는 논증적 자료로서의 가치창출과, 일제에 의해 강제된 근대 한국의 음악교육 실상을 재조명할 수 있음은 물론, 한국학의 지평을 확장하는데 크게 기여할 수 있으리라고 본다.

1985년 어느 무더운 여름! 일본 정부가 세계의 '고등학교 일본어교사'들을 동경에 초청하여 2개월 간에 걸친 〈일본어교사 연수〉를 시행하는 과정 중, 〈동경부인회〉 주최의 리셉션에서 일어난 일이다.

넓은 홀에는 BGM으로 조용히 흘러나오는 1940년대의 동요를 들은 한국의 나이 드신 교사는, 자신도 "부르고 싶은 노래가 있다"며 무대로 나가, 「황혼녘 저녁노을(ユフヤケ コヤケ)」을 불렀다. 이를 본 한국의 어떤 젊은 일본어교사가 "때와 장소가 적당치 않다"며 무대로 나아가 그 교사를 끌고 내려와, 일순간 분위기가 어색해진 일이 있다. 나이 든 교사는 일제강점기인 10대때에 학교에서 배워 익숙한 노래를 듣고 '소년적 동경'에 젖어 울컥한 마음에 무대로 나간 것을 젊은 교사는 '親日的 行爲'로 달리 해석했던 것이다.

인간이 노화되어 감에 따라 기억이 사라져가지만, 아동기에 배우고 따라 부르던 노래는 죽는 순간까지 생생하게 기억한다는 사실은 우리에게 시사하는 바가 대단히 크다.

2012년 11월, 지방의 어느 학회에서 일제강점기 조선총독부 편찬 초등학교 〈唱歌〉 교과서와 관련된 연구발표를 하는데, 토론자 중 한 사람이 "이 분야는 연구가 거의 끝났는데 또 하는가?"라는 질문을 했다. 그래서 나는 "소세키의 『도련님(坊っちゃん)』이나 가와바타의 『雪國』은 3~400편 이상의 논문이 나왔어도 '연구가 끝났다'는 말을 하지 않으면서, 〈창가〉 연구는 극소수의 논문이 나왔을 뿐인데 어떻게 끝났다고 할 수 있는가? 일본 작품은 인터넷으로 주문하면 10일 전후면 책을 받아볼 수 있으나, 여러분은 〈唱歌〉 교과서를 본 적이 있는가? 아울러 퇴계나 소세키, 공자 같은 인문학은 지금까지 엄청난 연구비가 사용되었다 해도 100년 후에는 다시 22세기의 세태를 새롭게 판독하는 인문학으로 계속 연구되어야 하지 않겠는가?"라고 답변한 적이 있다.

일제강점기 식민지 조선아동의 '백지의 영혼'에 교육되어, 의식세계를 좌우한 요인의 하나라 할 수 있는 〈修身〉과 〈讀本〉 교과서의 재조명과 집중연구에 이은 본 〈唱歌〉 교과서의 대조번역 작업은 식민지 조선인의 무의식 세계를 형성하는 주요 요인을 구명하는 작업이 될 것이다. 이를 기점으로 본 집필진은 아동과 청소년 뿐만 아니라 대중의 정서를 이용하여 선전 및 선동적 역할을 했던 운율에 대한 연구로서 일제강점기 엔카(演歌)나, 청일·러일전쟁에서 중일·태평양전쟁에 이르는 전쟁기에 일반화되었던 본격적인 군가(軍歌)까지 연구 확장을 시도하고 있는 중에 있다.

이러한 일련의 작업은 반일(反日)을 하자는 것도 아니요 친일(親日)을 하자는 것은 더욱 아니다. 실체적 진실을 구명(究明)하여 한일관계의 개선을 추구하려 하였으나, 이제까지 받은 교육의 영향으로 한국인의 시선으로 판독된 것도 상당히 많으리라 사료된다. 완전하지는 않지만 이 작업을 토대로 하여, 다음 사람들은 이 토대에서 시작할 수 있을 뿐만 아니라 다른 여러 학문분야로 그 외연이 확장되고 이와 연관된 연구가 좀 더 활성화될 수 있으리라 기대해본다.

 앞으로 일본인의 시선으로 판독된 것과 접목하여 선린 우호적 한일관계로 개선되기를 희망한다.

2013년 6월

전남대학교 일어일문학과 교수 김순전

凡 例

1. 원본의 세로쓰기를 편의상 좌로 90도 회전하여 가로쓰기로 하였다.
2. 반복첨자 기호는 가로쓰기이므로 반복표기로 하였다.
3. 한자의 독음은 (   )안에 표기하였다.
4. 중국어 표기는 알려진 지명의 경우 한자 독음을 사용하였으며, 그 외에는 원문의 독음을 적용하였다.
5. 원문의 가운뎃점(·)은 번역문에서 독점(,)으로 변환하였다.
6. 특정용어는 시대상황을 고려하여 당시의 사용언어 그대로 적용하였다.

    ex) 일본 : 내지, 일본의 東海 : 동해,
    　　한국의 東海 : 일본해, 한글 : 조선어
7. 목차와 각 단원 제목의 띄어쓰기 및 줄 간격은 편집상의 이유로 생략하였다.

    ex) 君　が　代 → 君が代,
    　　時計　の　歌 → 時計の歌
8. 일부 가사는 역사적가나(歷史的假名)를 사용하고 있고, 단어 전체 혹은 일부만 표음적가나(表音的假名)를 부기하고 있는 바 원문 그대로 표기하였다.

    ex) いはほ(イワオ), いはほ(わお), イハホ(ワオ),
    　　イハヘ(ワエ)

일제강점기 조선총독부 편찬
초등학교〈唱歌〉교과서 대조번역 (上)

『新編唱歌集』全

朝鮮總督府編纂

新編唱歌集 全

緒　言

一、本書ハ、普通學校其ノ他、諸學校ノ唱歌教授用書ニ充ツルモノナリ。

二、本書ハ之ヲ三篇ニ分チ、第一篇ニハ儀式ニ關スル唱歌、第二篇ニハ一般ノ唱歌、第三篇ニハ朝鮮語唱歌ヲ收メタリ。

三、教師ハ各篇ノ唱歌ニツキ、其ノ難易ヲ測リテ、適宜、之ヲ各學年ニ教授スベシ。

四、歌フコトヲ授クル前ニ、必ズ歌詞ノ意味ヲ略說スベシ。

五、第一篇ノ歌詞ニハ歷史的假名遣ヲ用ヒ、讀ミ難キモノニハ、傍ニ表音的假名遣ヲ附記シ、第二篇ニハスベテ表音的假名遣ヲ用ヒタリ。

六、本書ニ於テハ普通樂譜ト數字譜トヲ併記セリ。

大正三年三月　　　　　　　　　朝　鮮　總　督　府

서언

1. 본서는 보통학교(현재의 초등학교)와 그밖에 여러 학교의 창가 수업용 도서로 사용하게 한 것임.
2. 본서는 이 책을 3편으로 나누어, 제1편은 〈의식창가〉, 제2편은 〈일반창가〉, 제3편은 〈조선어창가〉를 수록함.
3. 교사는 각 편의 창가에 있어서, 그 난이도를 고려하여, 이를 각 학년에 적절하게 가르칠 것.
4. 노래를 가르치기 전에, 반드시 가사(歌詞)의 의미를 약술(略述)할 것.
5. 제1편의 가사(歌詞)에는 역사적가나(仮名)를 사용하였는데, 읽기 어려운 것에는 옆에 표음적가나(仮名)를 부기(附記)하였고, 제2편에는 모두 표음적가나(仮名)를 사용하였음.
6. 본서에 있어서는 보통악보와 숫자악보(數字譜)를 병기(併記)하였음.

1914년 3월   조 선 총 독 부

『新編唱歌集』全
『신편창가집』전권

目錄(목록)

第一篇

一	君(キミ)がよ	44
	기미가요	45
二	一月一日(イチガツイチジツ)	46
	1월 1일(설날)	47
三	紀元節(キゲンセツ)	48
	기원절	49
四	天長節(テンチョウセツ)	50
	천장절	51
五	勅語奉答(チョクゴホウトウ)	52
	칙어봉답	53
六	卒業式(ソツギョウシキ)	54
	졸업식	55

第二篇

一	雁(カリ)	58
	기러기	59
二	オ月(ツキ)サマ	60
	달	61
三	兎(ウサギ)ト龜(カメ)	62
	토끼와 거북이	63
四	ヒライタヒライタ	64
	피었네 피었어	65
五	タコ	66
	연	67
六	日(ヒ)ノ丸(マル)ノ旗(ハタ)	68
	일장기	69
七	モモタロウ	70

	모모타로 ……………………………………	71
八	サクラ	74
	벚꽃 ………………………………………	75
九	花咲爺(ハナサカセジジイ) ………………	76
	꽃피우는 할아버지 …………………………	77
一〇	親(オヤ)の恩(オン) ……………………	78
	부모의 은혜 …………………………………	79
一一	時計(トケイ) …………………………………	80
	시계 …………………………………………	81
一二	富士山(フジサン) ……………………………	82
	후지산 ………………………………………	83
一三	春(ハル)が來(キ)た …………………………	84
	봄이 왔네 …………………………………	85
一四	小馬(コウマ) …………………………………	86
	망아지 ………………………………………	87
一五	田植(タウエ) …………………………………	88
	모내기 ………………………………………	89
一六	鶴(ツル) ……………………………………	90
	학 ……………………………………………	91
一七	師(シ)の恩(オン) ……………………………	92
	스승의 은혜 …………………………………	93
一八	運動會(ウンドウカイ)(一) ………………	94
	운동회(1) ……………………………………	95
一九	運動會(ウンドウカイ)(二) ………………	96
	운동회(2) ……………………………………	97
二〇	あさがお ……………………………………	98
	나팔꽃 ………………………………………	99
二一	菊(キク) ……………………………………	100
	국화 …………………………………………	101
二二	秋(アキ)の山(ヤマ) …………………………	102
	가을산 ………………………………………	103
二三	雪(ユキ)の朝(アシタ) ………………………	104
	눈오는 아침 …………………………………	105
二四	正直(ショウジキ) ……………………………	106
	정직 …………………………………………	107

二五	二宮金次郎(ニノミヤキンジロウ) ……………………	108
	니노미야 긴지로 ……………	109
二六	職業(ショクギョウ) ……………………………………	110
	직업 …………………………	111
二七	勤儉(キンケン) ………………………………………	112
	근검 …………………………	113
二八	養蠶(ヨウサン) ………………………………………	114
	양잠 …………………………	115
二九	同胞(ドウホウ)すべて七千萬(シチセンマン) ……	116
	동포 7천만 …………………	117

第三篇

一	雁 ……………………………………………………	124
二	달 ……………………………………………………	125
三	兎와龜 ………………………………………………	126
四	피엿네피엿네 ………………………………………	127
五	紙鳶 …………………………………………………	128
六	時計 …………………………………………………	129

第一篇

君(キミ)がよ

君(キミ)がよは
　　　ちよにやちよに
　　　　　　さざれいしの
いはほ(イワオ)となりて
　　　こけのむすまで。

기미가요[1]

천황의 성대는
      천대만대에 걸쳐
            조약돌이
바위가 되고
         이끼가 낄 때까지

---

1 **기미가요**(君が代) : 일본의 국가(國歌)로 가사는 『고킨와카슈(古今和歌集)』에 수록된 와카(和歌)에서 유래되었다. 옛 사람은 조약돌이나 모래가 오랜 세월에 걸쳐서 응고하여 바위가 생긴다고 믿고 있었다. 기미가요는 1880년 메이지(明治) 천황의 생일 축하연에서 처음으로 연주되었다. 근대에 들어와서 군국주의자들이 주체가 되어 히노마루와 기미가요는 일본인의 혼처럼 여기도록 교육시켰고, 히노마루를 품에 안고 기미가요를 부르며 천황을 위해 서슴없이 몸을 바치도록 강요하였다.

一月一日(イチガツイチジツ)

一 年(トシ)のはじめの
  終(オワ)りなき世(ヨ)の
  松竹(マツタケ)たてて
  いはふ(ワウ)今日(キヨウ)こそ
  例(タメシ)とて、
  めでたさを、
  門(カド)ごとに、
  たのしけれ。

二 初日(ハツヒ)のひかり
  四方(ヨモ)にかがやく
  君(キミ)がみかげに
  仰(アオ)ぎ見るこそ
  さしいでて、
  今朝(ケサ)のそら、
  比へ(タグエ)つつ、
  たふ(トウ)とけれ。

『新編唱歌集』全 47

1월 1일(설날)

1 한해 시작하는 　　징표
　무궁한 치세의 　　경사를
　가도마쓰2 세우네 　집집마다
　축하하는 오늘이야 즐겨나 보세

2 새해 아침 햇살 　　내리비치고
　천지에 빛나는 　　새해 아침 하늘
　폐하의 은덕에 　　비할 바 없네
　우러러 볼 수록 　　거룩하여라

2 **가도마쓰**(門松) : 정초에 대문 앞에 세워두는 소나무와 대나무 장식. 옛날 사람들은 나무의 가지에 신(神)이 머문다고 생각하였는데, 소나무는 일본에서도 생명력, 불로장수, 번영의 상징으로 여겨져 정월에 소나무에 장식하는 습관이 뿌리내리게 되었다. 특히 소나무장식은 '오곡을 지키는 신을 집에 맞아들이기 위한 의대(依り代, 신령이 나타나 머문다고 하는 나무)'라는 의미가 있어 정월에 복을 가져오는 신이 잘 찾을 수 있도록 대문 앞 좌우에 가도마쓰를 세워두게 되었다. 좌측의 가도마쓰를 '오마쓰', 우측의 가도마쓰를 '메마쓰'라고 하며, 대개 1월 7일까지 세워두는데, 이 기간을 마쓰노우치(松の內)라 한다.

紀元節(キゲンセツ)

一 千代(チヨ)に八千代(ヤチヨ)に　ゆるぎなき、
　　　國(クニ)の御(ミ)はしら　立(タ)てましし、
　　高(タカ)き御(ミ)いつを　仰(アオ)ぎつつ、
　　　祝へ(イワエ)もろ人(ビト)　今日(キヨウ)の日(ヒ)を。

二 天(アメ)と地(ツチ)との　きは(ワ)みなき、
　　　君(キミ)の御位(ミクライ)　定(サダ)まりし、
　　遠(トウ)き昔(ムカシ)を　しのびつつ、
　　　祝へ(イワエ)もろ人(ビト)　今日(キヨウ)の日(ヒ)を。

기원절[3]

1 천대만대에 걸쳐　흔들림 없이
　　　　나라의 근간을　　세우셨네
　　드높은 위광을　　우러러보며
　　　　축하하라 모든 이여,　오늘 이 날을

2 천지간에　구분없이
　　　　천황의 권세　　정해졌네
　　멀고 먼 그 옛날을　　사모하면서
　　　　축하하라 모든 이여,　오늘의 축일을

---

3 **기원절**(紀元節) : 일본 건국을 기념하는 날. 메이지 신정부는 1872년(明治 5) 『고지키(古事記)』와 『니혼쇼키(日本書紀)』를 근거로 초대 진무천황(神武天皇)이 즉위한 날(1월 29일)을 축일로 제정하였다. 1873년에는 축일의 명칭을 '기원절(紀元節)'이라 하고, 그 날짜는 태양력으로 환산한 2월 11일로 정하였다. 근대 국민국가의 형성과정에서 진무천황 동정신화를 역사화함으로써, 일본이라는 국가공동체와 만세일계 황실의 정통성을 추구하였으며, 이후로도 황통의 동일선상에 있다는 관념을 형성하고자 하였다.

天長節(テンチヨウセツ)

今日(キヨウ)の吉(ヨ)き日(ヒ)は　大君(オウギミ)の、
　うまれたまひ(イ)し　吉(ヨ)き日(ヒ)なり。
今日(キヨウ)の吉(ヨ)き日(ヒ)は　御(ミ)ひかりの、
　さし出(デ)たまひ(イ)し　吉(ヨ)き日(ヒ)なり。
ひかり遍(アマ)ねき　君(キミ)が代(ヨ)を、
　いはへ(ワエ)諸人(モロビト)　もろともに。
めぐみ遍(アマ)ねき　君(キミ)が代(ヨ)を、
　いはへ(ワエ)諸人(モロビト)　もろともに。

천장절[4]

오늘같이 좋은 날은 천황폐하가
    이 세상에 탄생하신 좋은 날이라
오늘같이 좋은 날은 서광이
    비추기 시작하는 좋은 날이라
온누리에 비치는 천황 치세를
    경축하라 모든 이여 모두 다함께
온누리에 미친 은혜 천황 치세를
    경축하라 모든 이여 모두 다함께

---

4 **천장절**(天長節) : 1870년 메이지정부가 9개의 축일을 제정한 데서 비롯되며, 1945년 패전 이전까지 천황의 탄생일을 기념하는 명절로 지켜졌다. 메이지(明治) 천황 재위시에는 11월 3일로 지켜졌으며, 쇼와(昭和) 천황 재위시에는 4월 29일로 지켜졌다. 패전 이후 '천장절'은 1948년 공포하여 시행된 축일법에 의하여 '천황탄생일(天皇誕生日)'로 개칭되었다. 메이지 천황 탄생일이었던 11월 3은 현재 '문화의 날'로 지정되어 문화훈장의 수여, 예술제, 국민체육대회 등 국가적 행사가 이 날을 중심으로 펼쳐진다. 한편 쇼와 천황의 생일인 4월 29일은 1948년 이후 '천황탄생일'로 지켜오다가 1989년 쇼와 천황 사망 이후에는 그가 자연을 사랑했던 것을 기려 이 날을 '녹색(みどり)의 날'로 지정했다(2000.5. 12). 이후 참의원 본회의에서 가결된(2005.5.13) 〈개정축일법〉에 의하여 2007년부터는 5월 4일로 변경되었다. 그리고 1989년(平成 원년)에 제정된 현재의 천황 아키히토(明人)의 탄생일을 기념한 '천황탄생일'은 12월 23일이다.

勅語奉答(チヨクゴホウトウ)

あな、
大勅語(オウミコト)。
趣旨(ムネ)を
露(ツユ)も
朝夕(アサユウ)に。
たふ(トウ)としな、

たふ(トウ)としな、
みことの
心(ココロ)に刻(エ)りて、
そむかじ、
あな、
大勅語(オウミコト)。

(新編教育唱歌集)

칙어봉답

아—   소중하여라—
대칙어5   말씀하신
취지를   마음에 새기고
조금도   어기지 않으리라
언제나   아—
존엄하여라   대칙어

(신편교육창가집)

---

5 **대칙어**(大勅語) : 1890년 메이지 천황이 발포한 교육칙어(敎育勅語)를 의미함

卒業式(ソツギョウシキ)

一 朝夕(アサユウ)倦(ウ)まず勵(ハゲ)みたりし、
　　しるしは花(ハナ)と咲(サ)き出(イ)でたり。
　めでたき今日(キヨウ)のよろこびを、
　　我等(ワレラ)も共(トモ)に祝ひ(イワイ)まつる。
　　　　　　　　　　　　　　　(送別)

二 みめぐみ深(フカ)き師(シ)のみを(オ)しへ(エ)、
　　心(ココロ)に彫(エ)りて身(ミ)をば立てん。
　年月(トシツキ)長(ナガ)く睦(ムツ)びし友(トモ)、
　　よしみはいかで忘(ワス)らるべき。
　　　　　　　　　　　　　　　(告別)

三 とまるも去(サ)るも、ひとしく皆(ミナ)、
　　同(オナ)じき庭(ニワ)のまなびの友(トモ)。
　いざいざ、共(トモ)に聲(コエ)を合は(アワ)せ、
　　祝は(イワワ)ん祝へ(イワエ)、今日(キヨウ)のよ
　き日(ヒ)。
　　　　　　　　　　　　　　　(合唱)

졸업식

1 언제나 끊임없이 갈고 닦아서
　　마침내 꽃으로 피어났다네
　경사스런 오늘의 기쁜 마음을
　　우리들도 다함께 축하해 드리리
(송별)

2 은혜롭고 깊은 스승의 가르침
　　마음속에 새겨서 뜻을 이루리라
　오랜 세월 사귀었던 정든 친구들
　　마음에 새긴 정 어찌 잊으리
(고별)

3 떠나는 이도 머무는 이도 다같이 모두
　　함께 한 교정에서 배움의 벗
　자 이제 다함께 목소리 맞춰
　　축하하자 축하해 오늘의 기쁨을
(합창)

第二篇

雁(カリ)

カリカリワタレ。
オウキナ雁(カリ)ハサキニ、
チイサナ雁(カリ)ハアトニ、
ナカヨクワタレ。

(小學唱歌)

기러기

기럭아 기럭아 날아라
큰 기러기 앞으로
작은 기러기 뒤로
사이좋게 날아라

(소학창가)

オ月(ツキ)サマ

一 オトウサン、オカアサン、
　　ハヤクデテ　ゴランヨ、
　　　オ月(ツキ)サマガ　デマシタ。

二 マルクマルク、マンマルク、
　　　マリノヨウニ　マンマルク、
　　　　モリノ上(ウエ)ニ　デマシタ。

달님

1 아버지 어머니
　　빨리 나와 보세요
　　　달님이 떴습니다

2 둥글 둥글 둥글게
　　쟁반같이 둥글게
　　　숲 위에 떴습니다

兎(ウサギ)ト龜(カメ)

一　モシモシ、カメヨ、　　カメサンヨ、
　　セカイノウチニ、　　　オマエホド、
　　　アユミノ、ノロイ　　モノハナイ、
　　　ドウシテ、ソンナニ、ノロイノカ。

二　ナントオッシャル、　ウサギサン、
　　ソンナラ、オマエト、カケクラベ、
　　　ムコウノ小山(コヤマ)ノ　フモトマデ、
　　　ドチラガ、サキニ、　カケツクカ。

三　ドンナニ、カメガ　　イソイデモ、
　　ドウセ、バンマデ、　カカルダロ、
　　　ココラデ、チョット　一(ヒト)ネムリ。
　　　グウグウグウグウ　グウグウグウ

四　コレハネスギタ、　　シクジッタ。
　　ピョンピョンピョンピョン　ピョンピョンピョン。
　　　アンマリオソイ、　ウサギサン、
　　　サッキノジマンハ、ドウシタノ。

(教科適用幼年唱歌)

토끼와 거북이

1 여보세요 거북   거북님
　　세상에서   그대만큼
　　　걸음걸이가 늦는 자는   없을 거야
　　　어째서   그렇게 늦나요?

2 무슨 말씀을   토끼님
　　그렇다면 너와   경주해 보겠어
　　　저쪽 작은 산   기슭까지
　　　누가 먼저   도착하는지

3 아무리 거북이가   서둔다 해도
　　어차피 밤까지   걸리겠지
　　　이쯤에서 잠깐   한숨 자자
　　　쿨 쿨 쿨 쿨   쿨 쿨 쿨

4 아이쿠 너무 잤네   실수했구나
　　깡충 깡충   깡충 깡충
　　　너무 늦었네   토끼님
　　　맨 처음 거드름은   어찌 됐어요?

　　　　　　　　　　(교과적용유년창가)

ヒライタヒライタ

一　ヒライタ、　　　ヒライタ。
　　　ナンノハナガ　　ヒライタ。
　　　レンゲノハナガ　ヒライタ。
　　　　ヒライタト　　　オモッタラ、
　　　　ミルマニ　　　　ツボンダ。

二　ツボンダ、　　　ツボンダ。
　　　ナンノハナガ　　ツボンダ。
　　　レンゲノハナガ　ツボンダ。
　　　　ツボンダト　　　オモッタラ、
　　　　ミルマニ　　　　ヒライタ。

(教科適用幼年唱歌)

피었네 피었어

1 피었네　　피었어
　　무슨 꽃이　　피었나
　　연꽃이　　　피었네
　　　　피었는가　　　했더니
　　　　볼 동안에　　　오므렸네

2 오므렸네　　오므렸어
　　무슨 꽃이　　오므렸나
　　연꽃이　　　오므렸네
　　　　오므렸는가　　했더니
　　　　볼 동안에　　　피었네

(교과적용유년창가)

タコ

一 タコタコアガレ。　　風(カゼ)ヨクウケテ、
　　雲(クモ)マデアガレ。　天(テン)マデアガレ。

二 アレアレ下(サガ)ル。　ヒケヒケ糸(イト)ヲ。
　　アレアレアガル。　　ハナスナ糸(イト)ヲ。

연

1 연아 연아 올라라   바람 잘 타고
    구름까지 올라라   하늘까지 올라라

2 저런 저런 내려간다   당겨라 당겨 연줄을
    옳지 옳지 올라간다   풀지마라 연줄을

日(ヒ)ノ丸(マル)ノ旗(ハタ)

一　白地(シロヂ)ニ赤(アカ)ク　日(ヒ)ノ丸(マル)ソメテ、
　　ア、ウツクシヤ、　　　　日本(ニホン)ノ旗
　　(ハタ)ハ。

二　朝日(アサヒ)ノノボル　　勢(イキオイ)見(ミ)セテ、
　　ア、イサマシヤ　　　　　日本(ニホン)ノ旗
　　(ハタ)ハ。

일장기[6]

1 하얀 바탕에 빨갛게   둥근 태양 그렸네
   아- 아름다워라   일본의 국기는

2 아침해 솟아오르는   기상이 보이네
   아- 용맹스러워라   일본의 국기는

---

[6] **일장기**(日の丸) : 일본의 국기, 히노마루(日の丸)라고도 함. 흰 바탕 한 가운데에 커다란 붉은색 원이 그려진 히노마루는 일본의 조상신 아마테라스오미카미(天照大神)가 태양신의 후손이라는 신화에서 유래되어 태양이 솟아오르는 근원임을 형상화하고 있다. 1855년 에도시대(江戸時代) 사쓰마(薩摩) 번주(藩主) 시마즈 나리아키라(島津斉彬)가 막부에 건의하여 히노마루(日の丸)를 일본 선박의 깃발로 사용하도록 허락 받았다. 이후 메이지정부가 성립되고 1870년 정식으로 히노마루를 일본국의 상징으로 정했다. 1945년 패전과 함께 연합군 사령부가 히노마루의 공식게양을 금지한 것도 히노마루와 기미가요를 침략과 전쟁범죄의 상징물로 인식했기 때문이다. 그 후 일본의 히노마루에 대한 해석은 애매했으나 1999년 8월 22일 "국기(國旗)는 일장기로 한다. 국가(國歌)는 기미가요로 한다."는 내용의 '국기·국가 법안'이 일본 중의원을 통과함에 따라 일장기는 법적으로도 공식적인 국기가 되었다.

モモタロウ

一　モモカラウマレタ　　モモタロウ、
　　キハヤサシクテ、　　チカラモチ、
　　オニガシマヲバ　　　ウタントテ、
　　　イサンデイエヲ　　デカケタリ。

二　ニッポンイチノ　　　キビダンゴ、
　　ナサケニツキクル　　イヌトサル、
　　キジモモロウテ、　　オトモスル、
　　　イソゲモノドモ、　オクルナヨ。

모모타로

1 복숭아에서 태어났다네   모모타로[7]는
　　마음은 상냥하고　　　　힘은 장사
　　도깨비섬을　　　　　　 쳐부수려고
　　　용감하게 집을　　　　나섰다네

2 일본 제일의　　　　수수경단 가지고
　　인정에 끌려 따라나선　　개와 원숭이
　　꿩도 경단 받고　　　　 동행하였네
　　　모두 다 서두르자　　늦지 않도록

---

7 **모모타로**(桃太郎) : 일본 전래동화의 주인공. 영웅이 악인을 퇴치하는 것을 주제로 한 탄생설화의 하나이다. "어느날 할머니가 냇가에서 빨래하고 있는데 커다란 복숭아가 떠내려와 건져 보니 복숭아 안에 사내아이가 들어 있었다. 이를 발견한 노부부는 집으로 데려와 복숭아에서 태어났다고 해서 복숭아를 뜻하는 '모모'와 장남을 뜻하는 '타로'를 따서 '모모타로'라고 이름을 짓고 정성들여 양육한다. 모모타로가 점점 자라 어른이 되자 도깨비를 정벌하러 도깨비섬으로 가기 위해 할머니께 수수경단을 만들어 달라고 한다. 할머니가 만들어 준 수수경단을 가지고 출발한 모모타로는 가던 도중 수수경단으로 개와 원숭이, 꿩을 부하로 거느리고 도깨비섬을 찾아가 마침내 도깨비를 항복시키고 빼앗은 보물을 가지고 돌아온다."는 내용으로 되어 있다.

三　ハゲシイイクサニ、　　ダイショウリ、
　　オニガシマヲバ　　　　セメフセテ、
　　トッタタカラハ　　　　ナニナニゾ、
　　　キンギンサンゴ　　　アヤニシキ。

四　クルマニツンダ　　　　タカラモノ、
　　イヌガヒキダス、　　　エンヤラヤ、
　　サルガアトオス、　　　エンヤラヤ、
　　　キジガツナヒク、　　エンヤラヤ。

(教科適用幼年唱歌)

3 격렬한 싸움에서 　크게 승리하여
　 도깨비섬을 　　　항복시키고
　 빼앗은 보물이 　　무엇 무엇이더냐
　 금 은 산호에 　　　온갖 비단이라네

4 수레에 가득 쌓은 　금은보화
　 앞에서 개가 끈다 　영치기 영차
　 뒤에서 원숭이가 민다 영치기 영차
　 꿩이 줄 당긴다 　　영치기 영차

　　　　　　　　(교과적용유년창가)

サクラ

一　ノベニ、ヤマニ、　サクラノハナガ、
　　サイタ、サイタ、　キレイニサイタ。
　　ハナノシタデ、　オウゼイアソブ、
　　ウタヲウタイ、　オニゴトシタリ。

二　ヒラリ、ヒラリ、　キレイナハナガ、
　　チルヨ、チルヨ、　サクラノハナガ。
　　カタノウエニ、　アタマノウエニ、
　　トマルハナハ、　カエリノミヤゲ。

(教科適用幼年唱歌)

벚꽃

1 산에도 들에도   벚꽃이
   피었네 피었어   아름답게 피었네
      벚꽃나무 아래서   모두 함께 놀아요
      노래도 부르고   술래잡기도 하면서

2 팔랑 팔랑   아름다운 꽃잎이
   떨어지네 떨어져   아름다운 벚꽃이
      어깨 위에도   머리 위에도
      떨어진 벚꽃은   귓갓길의 선물

(교과적용유년창가)

花咲爺(ハナサカセジジイ)

一　正直爺(シヨウジキジジイ)が　灰(ハイ)まけば、
　　野原(ノハラ)も山(ヤマ)も　　花(ハナ)ざかり。
　　人人(ヒトビト)大層(タイソウ)　よろこんで、
　　じじいをほめて　　　　　金(カネ)をやる。

二　意地悪爺(イヂワルジジイ)が　灰(ハイ)まけば、
　　目鼻(メハナ)も口(クチ)も　　灰(ハイ)だらけ。
　　人人(ヒトビト)大層(タイソウ)　はらを立(タ)て、
　　じじいを訴(ウツタ)え　　　　しばらせる。

꽃피우는 할아버지[8]

1 정직한 할아버지가   재를 뿌리니
　산에도 들에도　　　꽃 천지
　　동네사람 매우　　　기뻐서
　　할아버지를 칭찬하며　돈을 주었네

2 심술궂은 할아버지가　재를 뿌리니
　눈도 코도 입도 모두　재투성이
　　동네사람 몹시　　　화내며
　　할아버지를 붙잡아　묶었네

---

8 꽃피우는 할아버지(花咲爺, '하나사카세지지이' 또는 '하나사카지지이'라고도 함) : 일본의 전래동화로 "어느 작은 마을에 착한 할아버지가 살았는데 강아지 한 마리를 정성껏 길렀다. 어느날 강아지가 땅을 긁으며 컹컹 짖었다. 할아버지가 곡괭이로 그 땅을 파보니 궤짝에 황금이 가득하였고 절구에서도 금은보화가 나와 착한 할아버지는 금방 부자가 되었다. 욕심쟁이 할아버지가 그 이야기를 듣고 강아지와 절구를 빌려 갔지만 마음대로 안 되자, 강아지를 죽이고 절구는 불에 태워 버렸다. 한편 착한 할아버지 꿈에 개가 나와서 꽃이 피지 않는 벚나무에 재를 뿌리라고 하였다. 착한 할아버지는 임금님이 지나갈 때 재를 뿌려 예쁜 꽃을 피우고 상을 받게 되었다. 그 이야기를 듣고 욕심쟁이 할아버지도 질 세라 똑같이 재를 뿌렸는데, 온통 재투성이가 되는 바람에 관가에 끌려가 혼쭐이 났다."는 내용으로 되어 있다.

親(オヤ)の恩(オン)

一 軒(ノキ)に巣(ス)をくう　燕(ツバメ)を見(ミ)たか。
　雨(アメ)の降(フ)る日(ヒ)も　風(カゼ)吹(フ)く日(ヒ)にも、
　親(オヤ)は空(ソラ)をば　あっちこっち飛(ト)んで、
　蟲(ムシ)をとって來(キ)て　子(コ)にたべさせる。

二 ひよこ育(ソダ)てる　牝雞(メンドリ)見(ミ)たか。
　こここここと　子供(コドモ)を呼(ヨ)んで、
　庭(ニワ)の隅(スミ)やら　はたけの中(ナカ)で、
　餌(エ)をば探(サガ)して　子(コ)に拾(ヒロ)わせる。

부모의 은혜

1 처마에 둥지 트는   제비를 보았는가?
   비 오는 날도   바람 부는 날에도
   어미는 하늘을   여기저기 날아서
   벌레를 잡아 와   새끼에게 먹이네

2 병아리 길러내는   암탉을 보았는가?
   <u>꼬꼬꼬 꼬꼬꼬</u>   새끼를 불러모아
   마당 구석   밭 여기저기서
   먹이를 찾아   새끼에게 먹이네

時計(トケイ)

一　時計(トケイ)はあさから　　　かっちん、かっちん。
　　おんなじひびきで、　　　　　うごいて居(オ)れども、

　　ちっともおんなじ　　　　　　所(トコロ)をささずに、
　　ばんまでこうして、　　　　　かっちん、かっちん。

二　時計(トケイ)は晩(バン)でも　かっちん、かっちん。
　　我等(ワレラ)が寝床(ネドコ)で、休(ヤス)んで居(オ)る間(マ)も、

　　ちっとも休(ヤス)まず、　　　息(イキ)をもつがずに、
　　朝(アサ)までこうして、　　　かっちん、かっちん。

시계

1 시계는 아침부터   똑딱 똑딱
   항상 같은 소리로   움직이고 있어도
   잠시도 같은 곳을   가리키지 않고
   밤까지 이렇게   똑딱 똑딱

2 시계는 밤에도   똑딱 똑딱
   우리들이 잠자리에서   자고 있을 때도
   잠시도 자지 않고   쉬지 않고
   아침까지 이렇게   똑딱 똑딱

富士山(フジサン)

一　あたまを雲(クモ)の　　　　　上(ウエ)に出(ダ)し、
　　四方(シホウ)の山(ヤマ)を　　見(ミ)おろして、
　　かみなりさまを　　　　　　　下(シタ)にきく、
　　富士(フジ)は日本(ニッポン)　一(イチ)の山(ヤマ)。

二　青空(アオゾラ)高(タカ)く　　そびえ立(タ)ち、
　　からだに雪(ユキ)の　　　　　着物(キモノ)着(キ)て、
　　かすみのすそを　　　　　　　遠(トウ)くひく、
　　富士(フジ)は日本(ニッポン)　一(イチ)の山(ヤマ)。

후지산(富士山)

1 머리를 구름 위에　　　내밀고
　사방의 산을　　　　　　내려다보며
　천둥소리도　　　　　　　아래에서 들려오네
　후지산은 일본　　　　　제일의 산

2 푸른 하늘에 높이　　　우뚝 솟아
　온 몸에 눈옷　　　　　　입고
　안개 낀 산자락　　　　멀리 뻗치네
　후지산은 일본　　　　　제일의 산

春(ハル)が來(キ)た

一 春(ハル)が來(キ)た、春(ハル)が來(キ)た、どこに來(キ)た。
　　　山(ヤマ)に來(キ)た、　里(サト)に來(キ)た、
　　　　　　　　野(ノ)にも來(キ)た。

二 花(ハナ)が咲(サ)く、花(ハナ)が咲(サ)く、どこに咲(サ)く。
　　　山(ヤマ)に咲(サ)く、　里(サト)に咲(サ)く、
　　　　　　　　野(ノ)にも咲(サ)く。

三 鳥(トリ)が鳴(ナ)く、鳥(トリ)が鳴(ナ)く、どこで鳴(ナ)く。
　　　山(ヤマ)で鳴(ナ)く、　里(サト)で鳴(ナ)く、
　　　　　　　　野(ノ)でも鳴(ナ)く。

봄이 왔네

1 봄이 왔네 봄이 왔어 어디에 왔니?
　　산에 왔어　　마을에 왔어
　　　　　　　　들에도 왔네

2 꽃이 피네 꽃이 피어 어디에 피니?
　　산에 피고　　마을에 피고
　　　　　　　　들에도 피네

3 새가 우네 새가 울어 어디서 우니?
　　산에서 우네　마을에서 우네
　　　　　　　　들에서도 우네

小馬(コウマ)

一　はいしい、はいしい、　　　あゆめよ小馬(コウマ)。
　　山(ヤマ)でも、坂(サカ)でも、　ずんずんあゆめ。
　　おまえが進(スス)めば、　　わたしも進(スス)む。
　　あゆめよ、あゆめよ、　　足(アシ)おとたかく。

二　ぱかぱかぱかぱか、　　　走(ハシ)れよ小馬(コウマ)。
　　けれども急(イソ)いで、　　つまずくまいぞ。
　　おまえがころべば、　　　わたしもころぶ。
　　走(ハシ)れよ、走(ハシ)れよ、ころばぬように。

망아지

1 이랴 이랴
 산길이든 비탈이든
 네가 앞서 가면
 어서 가자, 어서 가

 어서 가자 망아지야
 성큼 성큼 가자꾸나
 나도 따라간다
 발소리도 힘차게

2 따각 따각 따각 따각
 하지만 서두르다
 네가 넘어지면
 달려라 달려

 달려라 망아지야
 쓰러지지 말아라
 나도 넘어진다
 넘어지지 않도록

田植(タウエ)

一　いまはいそがし、　　田植(タウエ)どき。
　　　ここでは馬(ウマ)に　田(タ)をすかせ、
　　そこでは苗(ナエ)を　　田(タ)にうえる。
　　　すかせる、うえる、　いそがしや。

二　これからたびたび　　田草(タグサ)とり、
　　　しだいに手かずが　　ふえていく。
　　どうぞあきまで　　　都合(ツゴウ)よく、
　　　天氣(テンキ)もつづけ、雨(アメ)もふれ。

　　　　　　　　　　　　　　(新編教育唱歌集)

모내기

1 지금은 농번기　　　모내기 시절
　　여기서는 말로　　　논갈이 하고
　　저기서는 모를　　　논에다 심네
　　　가느냐 심느냐　　　분주하구나

2 이제부터 때때로　　　잡초도 뽑고
　　갈수록 할일이　　　늘어만 가네
　　아무쪼록 가을까지　형편에 맞춰
　　　좋은 날씨 이어지고　비도 내려라

(신편교육창가집)

鶴(ツル)

一　あさ日(ヒ)の光(ヒカリ)　　かすかにさせば、
　　ねぐらのもりを　　はやおきいでて、
　　はばたきゆるく　　大(オウ)ぞらかける、
　　かくて長(ナガ)いき　　するのはつるよ。

二　みどりかわらぬ　　老松(オイマツ)がえに、
　　こころしずかに　　つばさをおさめ、
　　おさまるみよの　　たのしききょうを、
　　ちよやちよにと　　いわうはつるよ。

(尋常小學唱歌)

학

1 아침 햇살이　　희미하게 비치면
　　　　숲속 둥지를　　서둘러 일어나와
　　날갯짓도 우아하게　　하늘을 나는
　　　　아― 장수하는　　학이라네

2 사철 푸르른　　노송(老松) 가지에
　　　　차분하게　　날개를 접어
　　다스리는 천황의　　태평성대를
　　　　영원무궁토록　　축하하는 학이라네

　　　　　　　　　　　　(심상소학창가)

師(シ)の恩(オン)

一　としつきながく　　　われにわれに、
　　　ひとたるみちを　　　しらせんと、
　　　ものいうことも　　　ふでとるわざも、
　　　てをとるように　　　おしえらる。

二　ああ、ありがたき　　　學校(ガッコウ)や、
　　　ああ、ありがたき　　　師(シ)の恩(オン)や、
　　　めぐみはふかく、　　おしえはひろし、
　　　わすれてなどか　　　よかるべき。

三　みおしえしのぶ　　　ときごとに、
　　　みめぐみおもう　　　おりごとに、
　　　わがことはげみ、　わがわざつとめ、
　　　わが師(シ)のきみに　むくいなん。

스승의 은혜

1 오랫동안 긴 세월　　　우리들에게
　　사람답게 사는 길을　　알려주시려고
　　말하는 법도　　　　　연필 잡는 방법도
　　하나 하나 알기 쉽게　가르쳐 주시네

2 아- 고마워라　　　　　학교여
　　아- 고마워라　　　　스승의 은혜
　　은혜는 깊고　　　　　가르침은 넓어라
　　어찌 잊을쏘냐　　　　우리의 학창시절

3 스승의 가르침이　　　　그리울 때마다
　　스승의 은혜가　　　　생각날 때마다
　　스스로 분발하여　　　힘써 이루어
　　스승의 은혜에　　　　보답해 보세

運動會(ウンドウカイ) (一)

一　指折(ユビオ)リ數(カゾ)エテ　　待(マ)ッテ居(イ)タ、
　　今日(キョウ)ハ樂(タノ)シキ　　運會(ウンドウカイ)。
　　旗(ハタ)トリカケクラ　　　　元氣(ゲンキ)ヨク、
　　ミンナデ一緒(イッショ)ニ　　遊(アソ)ビマショウ。

二　遊(アソ)ブトキニハ　　　　　ヨク遊(アソ)ビ、
　　カラダキタエテ　　　　　　　ヨクマナブ、
　　基(モトイ)ヲツクル　　　　　運動會(ウンドウカイ)。
　　ミンナデ一緒(イッショ)ニ　　遊(アソ)ビマショウ。

운동회(1)

1 손꼽아 헤아리며   기다리던
   오늘은 즐거운   운동회
   깃발뺏기 달리기도   신나게
   모두 다함께   즐겨보세

2 뛰놀 때는   신나고 재미나게
   신체를 단련하고   잘 배워서
   기초를 다져가는   운동회
   모두 다함께   즐겨보세

運動會(ウンドウカイ) (二)

一　待(マ)ち得(エ)し今日(キヨウ)の　うれしさに、
　　　心(ココロ)もかろく　身(ミ)もかろく、
　　　　　大旗(オウハタ)・小旗(コハタ)　ひるがえす、
　　　　　　風(カゼ)も勇(イサ)まし　運動會(ウンドウカイ)。

二　かけよ走(ハシ)れよ　眞先(マツサキ)に、
　　　ひけや大綱(オウヅナ)　もろともに、
　　　　　勝(カ)って唱(トノ)うる　萬歳(バンザイ)の、
　　　　　　聲(コエ)も勇(イサ)まし　運動會(ウンドウカイ)。

三　學(マナビ)の業(ワザ)の　ひまひまに、
　　　日頃(ヒゴロ)きたえし　腕(ウデ)と足(アシ)、
　　　　　力(チカラ)のかぎり　ためしみて、
　　　　　　嬉(ウレ)し勇(イサ)まし　運動會(ウンドウカイ)。

운동회(2)

1 기다리고 기다리던 오늘의　　즐거움에
　　마음도 가볍고　　몸도 가볍게
　　　큰 깃발 작은 깃발　　펄럭인다
　　　　바람도 활기찬　　운동회

2 뛰어라 달려라　　맨 앞으로
　　당겨라 밧줄을　　모두 다함께
　　　승리하여 외치는　　만세
　　　　소리도 활기찬　　운동회

3 배우고 익히며　　틈나는 대로
　　평소에 단련해 온　　팔과 다리로
　　　온 힘 다하여　　겨루어 보세
　　　　기쁘고 활기찬　　운동회

あさがお

一　毎朝(マイアサ)毎朝(マイアサ)
　　咲(サ)くあさがおは、
　　おとといきのうと
　　　だんだんふえて、
　　　　今朝(ケサ)はしろ四(ヨ)つ
　　　　　むらさき五(イツ)つ。

二　大(オウ)きな蒼(ツボミ)は
　　　あす咲(サ)く花(ハナ)か。
　　ちいさなつぼみは
　　　あさって咲(サ)くか。
　　　　　早(ハヤ)く咲(サ)け咲(サ)け、
　　　　　　絞(シボ)りや赤(アカ)も。

나팔꽃

1 매일 아침마다
　　　피는 나팔꽃은
　　그저께도 어저께도
　　　점점 늘어나
　　　　오늘 아침 하양 네 개
　　　　　보라 다섯 개

2 커다란 봉오리는
　　　내일 필 꽃인가
　　조그만 봉오리는
　　　모레 피려나
　　　　어서 피어라 피어
　　　　　얼룩무늬도 빨강도

菊(キク)

一　秋(アキ)の日(ヒ)かげに　　かがやきて、
　　色香(イロカ)けだかき　　菊(キク)の花(ハナ)。
　　これぞまことに　　　　花中(カチウ)の君子(クンシ)。

二　種(タネ)をつたえて　　　外(ト)つ國(クニ)の、
　　人(ヒト)もとうとむ　　　菊(キク)の花(ハナ)。
　　げにも道理(ドウリ)よ　　みかどの御紋(ゴモン)。

국화

1 가을 햇살에　　　　빛나는
　빛깔 향기 고귀한　　국화꽃
　이야말로 진정　　　꽃 중의 군자로세

2 씨앗을 전파하니　　다른 나라의
　사람들도 숭경하네　국화꽃
　참된 이치로세　　　천황가의 문장[9]

---

[9] 문장(紋章) : 예로부터 일본에서는 가문이나 단체를 상징하는 문양인 문장이 있는데, 일본 천황가를 상징하는 문장은 국화문양이다. 여기서는 천황가의 정통성과 고귀함을 노래하고 있다.

秋(アキ)の山(ヤマ)

一　われらの好(コノ)む　　　秋(アキ)きたれり。
　　わらじふみしめ　　　　山(ヤマ)に登(ノボ)る。
　　紅葉(モミジ)うつくし　　峰(ミネ)も谷(タニ)も。
　　白雲(シラクモ)わきたつ　足(アシ)のもとに。

二　たのしげなるよ　　　　鳥(トリ)のなく音(ネ)。
　　遠(トウ)くひびくよ　　　谷(タニ)のながれ。
　　木(コ)の間(マ)をわけて　きのことらん。
　　栗(クリ)の實(ミ)ひろいて　みやげとせん。

(高等小學唱歌)

가을산

1 우리들이 좋아하는　가을이 왔네
　짚신을 조여매고　　산에 오른다
　단풍 아름다워라　　봉우리도 골짜기도
　흰 구름 피어오르네　발 아래로

2 즐겁게 들려오네　　새 우는 소리
　멀리 울려 퍼지네　　골짜기 물소리
　나무 사이를 헤치고　버섯을 따야지
　알밤을 주워서　　　선물해야지

(고등소학창가)

雪(ユキ)の朝(アシタ)

一　一度(イチド)に花(ハナ)さく　　枯野(カレノ)の草葉(クサバ)、

　　いずこも春(ハル)めく　　　冬木(フユギ)の櫻(サクラ)。

　　うつくし、　　　　　　　　雪(ユキ)降(フ)るけしき、

　　おもしろ、　　　　　　　　朝(アシタ)のながめ。

二　緑(ミドリ)も隠(カク)るる　園生(ソノウ)の松葉(マツバ)、

　　姿(スガタ)も埋(ウモ)るる　垣根(カキネ)の笹葉(ササバ)。

　　暮(クレ)まで　　　　　　　降(フ)れ降(フ)れ雪(ユキ)よ、

　　明日(アス)まで　　　　　　積(ツ)め積(ツ)め雪(ユキ)よ。

(教科適用少年唱歌)

눈 오는 아침

1 일제히 꽃이 피네   메마른 들판의 눈꽃
   도처에 봄기운을 띤   겨울의 벚꽃나무
   아름다워라   눈 내리는 정경
   즐거워라   아침의 정취

2 푸르름도 숨겨졌네   정원의 솔잎
   모습도 덮히였네   울타리 조릿대잎
   저물 때까지   내려라 내려 눈이여
   내일까지   쌓여라 쌓여 눈이여

(교과적용소년창가)

正直(ショウジキ)

一 忘(ワス)るなよ、　正直(シヨウジキ)は
　　人間(ニンゲン)の守(マモ)るべき　第一(ダイイチ)
　　の徳(トク)なるを。

二 交(マジワ)りて友達(トモダチ)の　信用(シンヨウ)を
　　受(ウ)くべきも、
　　　ただ是(コレ)ぞ、　この徳(トク)ぞ。

三 商(アキナイ)のもとでとは、　金(カネ)よりも品(シナ)
　　よりも、
　　　ただ是(コレ)ぞ、　この徳(トク)ぞ。

(高等小學唱歌)

정직

1 잊지 말아요   정직이란
　　인간이 지켜야 할   제일의 덕인 것을

2 사귀는 친구의   신용을 얻는 것도
　　오로지 이것일세   이 덕일세

3 장사 밑천이 되는 것은 돈보다도 물건보다도
　　오로지 이것일세   이 덕일세

(고등소학창가)

二宮金次郎(ニノミヤキンジロウ)

一　柴刈(シバカ)り縄(ナワ)ない　草鞋(ワラジ)をつくり、
　　親(オヤ)の手(テ)を助(ス)け　弟(オトト)を世話(セワ)し、
　　兄弟(キヨウダイ)仲(ナカ)よく　孝行(コウコウ)つくす、
　　手本(テホン)は二宮(ニノミヤ)　金次郎(キンジロウ)。

二　骨身(ホネミ)を惜(オシ)まず　仕事(シゴト)をはげみ、
　　夜(ヨ)なべすまして　手習(テナライ)・讀書(トクシヨ)、
　　せわしい中(ナカ)にも　撓(タユ)まず學(マナ)ぶ、
　　手本(テホン)は二宮(ニノミヤ)　金次郎(キンジロウ)。

三　家業(カギヨウ)大事(ダイジ)に　費(ツイエ)をはぶき、
　　少(スコ)しの物(モノ)をも　粗末(ソマツ)にせずに、
　　遂(ツイ)には身(ミ)を立(タ)て　人(ヒト)をもすくう、
　　手本(テホン)は二宮(ニノミヤ)　金次郎(キンジロウ)。

니노미야 긴지로

1 땔나무하고 새끼를 꼬고 짚신을 삼아
   부모 일손 거들며 동생을 돌보며
   형제가 사이좋게 효행을 다하는
   모범은 니노미야 긴지로[10]

2 고생을 마다않고 일하는 데 힘쓰고
   밤일을 끝내고 습자와 독서를
   바쁜 중에도 꾸준히 공부하는
   모범은 니노미야 긴지로

3 가업을 중히 하고 낭비를 줄여
   사소한 것이라도 소중히 여겨
   마침내 출세하여 백성까지 구제하는
   모범은 니노미야 긴지로

10 **니노미야 긴지로**(二宮金次郎, 1787~1856) : 에도(江戶) 후기의 농촌운동가. 아명은 니노미야 손토쿠(二宮尊德)이다. 어린 나이에 부모를 여의게 되자 동생들을 친척집에 맡기고 낮에 일하고 밤에는 공부하면서 일가를 부흥시킨 입지전적인 인물이다. 제1기 1904년 국정교과서 이후 1945년 패전하기까지 〈修身〉, 〈國語〉, 〈唱歌〉 교과서에 빠짐없이 등장하는 근면 성실의 상징적 인물이다. 현재 일본의 각처에 지게를 지고 걸어가면서 책을 읽고 있는 그의 동상이 세워져 있다.

職業(シヨクギヨウ)

一 なすべき業(ワザ)は人毎(ヒトゴト)に、
　　おのずからなる定(サダ)めあり。
　一日(イチニチ)はげみはたらきて、
　　やすろう夜(ヨ)こそたのしけれ。

二 なすことなくて一日(イチニチ)を、
　　すごすは人(ヒト)の道(ミチ)ならず。
　身(ミ)におう業(ワザ)をつとめてぞ、
　　世(ヨ)に生(ウマ)れたるかいあらん。

三 力(チカラ)の限(カギリ)はたらきて、
　　つみえし家(イエ)のさいわいに、
　たのしく月日(ツキヒ)おくりなば、
　　心(ココロ)はいかに清(キヨ)からん。

직업

1 해야 만 할 일들은 사람마다
　　　각자에게 주어진 운명 있다네
　온종일 애써 일하고
　　　쉬는 밤이야말로 즐거워라

2 하는 일 없이 하루를
　　　보내는 것은 사람의 도리 아니네
　타고난 일을 행함은
　　　세상에 태어난 보람이리니

3 온 힘을 다해서 일하고
　　　거듭된 집안의 행복에
　즐겁게 세월을 보내니
　　　마음이 어찌 상쾌치 않을쏘냐

勤儉(キンケン)

一 父母(フボ)より受(ウ)けし　この身體(カラダ)、
　筋骨(キンコツ)すべて　力(チカラ)あり。
　この手(テ)をむだに　なすべきか、
　この足(アシ)むだに　なすべきか。
　はたらくための　この手(テ)なり、
　はたらくための　この足(アシ)ぞ。
　毎日(マイニチ)つとめ　はたらくが、
　まことの人(ヒト)の　道(ミチ)なるぞ。

二 はたらく人(ヒト)は　おのずから、
　身體(カラダ)もつよく　なり行(ユ)きて、
　かせぐにおいつく　貧(ヒン)もなく、
　財寶(タカラ)も自然(シゼン)　得(エ)らるべし。
　財寶(タカラ)を得(エ)ては　むだにせず、
　貯(タクワ)えおきて　身(ミ)を富(ト)ませ、
　勤(ツト)めて得(エ)たる　富(トミ)こそは、
　まことに人(ヒト)の　たからなれ。

근검

1 부모에게 물려받은   이내 몸은
   뼈와 살 모두   힘이 넘치네
   이 손을 헛되이   쓸 것인가
   이 다리 헛되이   쓸 것인가
   일하기 위한   이 손이며
   일하기 위한   이 다리라네
   매일 힘써   일하는 것이
   참된 사람의   도리라네

2 일하는 사람은   저절로
   신체도 강하게   되어지고
   열심히 일하는 자에게   가난도 없고
   재물도 저절로   얻을 수 있으리
   재물을 얻고 나서   함부로 쓰지 말고
   저축하여   출세를 하니
   소임을 다하여 얻은   부(富)야말로
   참된 사람의   보배로세

養蠶(ヨウサン)

一 蠶卵紙(タネガミ)おろし　　掃(ハ)きたてて、
　　桑(クワ)の若葉(ワカバ)を　　食(ク)わすれば、
　　見(ミ)えぬ程(ホド)なる　　　幼蟲(ヨウチウ)も、
　　一日(ヒトヒ)一日(ヒトヒ)に　育(ソダ)ちつつ、
　　四(ヨ)たびの眠(ネム)り　　　覺(サ)めて後(ノチ)、
　　玉(タマ)なす繭(マユ)を　　　造(ツク)るなり。

二 桑(クワ)の若葉(ワカバ)の　　切(キ)りきざみ、
　　眠起(ネオき)の世話(セワ)や　火(ヒ)の加減(カゲン)、
　　夜(ヨル)も眠(ネム)らぬ　　　勤勞(キンロウ)の、
　　しるしは早(ハ)やも　　　　あらわれて、
　　桑食(クワク)う音(オト)の　　止(ヤ)みぬれば、
　　蠶簿(マブシ)にかかる　　　　玉(タマ)の繭(マユ)。

三 世(ヨ)に生業(ナリワイ)は　　多(オウ)かれど、
　　げに樂(タノ)しきは　　　　養蠶(ヨウサン)ぞ。
　　心(ココロ)つくして　　　　いそしめば、
　　いそしむ甲斐(カイ)の　　　あらわれて、
　　やがてはこれぞ　　　　　　家(イエ)の富(トミ)、
　　やがてはこれぞ　　　　　　國(クニ)の富(トミ)。

양잠

1 잠란지 내려서 채반에   쓸어모아
   어린 뽕잎을   먹여 주면
   보이지 않을 정도로   작은 애벌레도
   나날이 나날이   자라면서
   넉 잠 자고 나서   깨어난 뒤
   번데기 든 누에고치를   만들었다네

2 어린 뽕잎을   잘게 썰고
   자고 일어나는 보살핌이나   온도조절
   밤에도 자지 않는   근로의
   결과는 빠르게   나타나서
   누에 먹는 소리가   멈추면
   섶에 얹혀진   누에고치

3 세상에 직업은   많지만
   실로 즐거운 것은   양잠이로세
   정성을 다해 힘써   노력하면
   애쓴 보람이   나타날지니
   참으로 이것이로세   부유한 가문
   참으로 이것이로세   부유한 국가

同胞(ドウホウ)すべて七千萬(シチセンマン)

一　北(キタ)は樺太(カラフト)・千島(チシマ)より、
　　南(ミナミ)　臺灣(タイワン)・澎湖島(ホウコトウ)。
　　朝鮮半島(チヨウセンハントウ)おしなべて
　　我(ワ)が大君(オウギミ)の食(オ)す國(クニ)と、
　　朝日(アサヒ)の御旗(ミハタ)ひるがえす
　　同胞(ドウホウ)すべて七千萬(シチセンマン)。

二　神代(カミヨ)はるけき昔(ムカシ)より
　　君臣(クンシン)分(ブン)は定(サダマ)りて、
　　萬世一系(バンセイイッケイ)動(ウゴ)きなき
　　我(ワ)が皇室(コウシツ)の大(オウ)みいつ。
　　あまねき光(ヒカリ)仰(アオ)ぎ見(ミ)る
　　同胞(ドウホウ)すべて七千萬(シチセンマン)。

동포 7천만

1 북쪽은 사할린, 지시마(千島)에서
  남쪽은 대만, 호코열도11
  조선반도까지
  우리 천황이 다스리시는 나라
  일장기 휘날리는
  동포 7천만

2 신이 다스리는 아득한 옛적부터
  천황과 신민은 운명 지어져
  만세일계 흔들림 없이
  우리 황실의 큰 위광
  온누리에 드높은 위세 우러러보는
  동포 7천만

11 **호코열도**(澎湖列島) : 대만(臺灣)에서 서쪽으로 약 50km지점의 대만해협에 위치한 크고 작은 90여 개의 섬으로 총면적은 141,052km^{2}에 달한다.

三　武勇(ブユウ)のほまれ細戈(クワシホコ)
　　千足(チタル)の國(クニ)の名(ナ)に負(オ)いて、
　　禮儀(レイギ)は早(ハヤ)く唐人(カラビト)も
　　稱(タタ)えし其(ソ)の名(ナ)君子國(クンシコク)。
　　祖先(ソセン)の遺風(イフウ)つぎつぎて
　　同胞(ドウホウ)すべて七千萬(シチセンマン)。

四　瑞穂(ミズホ)の國(クニ)と農業(ノウギョウ)は
　　開(ヒラ)けぬ地(チ)なし、野(ノ)も山(ヤマ)も。
　　商工業(ショウコウギョウ)の發達(ハツタツ)に
　　皇國(ミクニ)の富(トミ)を起(オコ)さんと、
　　勤勉(キンベン)努力(ドリョク)たゆみなき
　　同胞(ドウホウ)すべて七千萬(シチセンマン)。

五　智(チ)は東西(トウザイ)の長(チョウ)を採(ト)り、
　　文明(ブンメイ)古今(ココン)の粹(スイ)を抜(ヌ)く。
　　建國(ケンコク)以來(イライ)三千年(サンゼンネン)
　　歴史(レキシ)の跡(アト)にかんがみて、
　　日進月歩(ニッシンゲツポ)ゆるみなき
　　同胞(ドウホウ)すべて七千萬(シチセンマン)。

3 무용(武勇)이 드높은
 일본(細戈千足國)12에 걸맞게
 예의는 예로부터 중국인도
 칭송한 그 이름 군자의 나라
 조상의 위상 이어 받은
 동포 7천만

4 농업국 일본(瑞穗の國)13은
 산도 들도 개간되지 않은 곳 없고
 상공업의 발달로
 황국의 부를 일으키니
 근면노력 한결 같은
 동포 7천만

5 지혜는 동서양의 장점을 취하고
 고금의 문명정수를 취했다
 건국 이래 3천 년
 역사의 발자취를 거울삼아
 일진월보 해이해지지 않는
 동포 7천만

12 **구와시호코노치다루쿠니**(細戈千足國) : 『니혼쇼키(日本書紀)』의 진무기(神武紀)에 기록된 말로, '정교한 무기가 많은 나라'라는 의미의 일본에 대한 미칭(美稱)이다.
13 **미즈호노쿠니**(瑞穗の國) : '싱싱한 벼이삭이 열리는 쌀의 나라'라는 의미를 지닌 일본의 미칭이다.

六　東洋(トウヨウ)平和(ヘイワ)の天職(テンシヨク)は
　　かかる、我等(ワレラ)の肩(カタ)の上(ウエ)。
　　東方(トウホウ)文明(ブンメイ)先進(センシン)の
　　任務(ニンム)は重(オモ)き日本國(ニホンコク)。
　　上下(シヨウカ)心(ココロ)を一(イツ)にして
　　同胞(ドウホウ)すべて七千萬(シチセンマン)。

七　修身(シウシン)の徳(トク)是(コレ)なりと、
　　教育(キヨウイク)　勅語(チヨクゴ)のり給(タマ)い、
　　戰後經營(センゴケイエイ)かくこそと、
　　戊申(ボシン)の　詔書(シヨウシヨ)かしこしや。
　　大(オウ)みことのり尊(トウト)びて、
　　同胞(ドウホウ)すべて七千萬(シチセンマン)。

6 동양평화의 소명이
  걸렸다 우리들 어깨 위에
  동방문명 리드의
  임무가 막중한 우리 일본
  위아래 마음을 하나로 모아
  동포 7천만

7 수신의 모범은 이것이라고
  교육칙어14를 하사하시고
  전후 경영이야말로
  무신조서15 황송하여라
  천황의 말씀 우러르는
  동포 7천만

14 **교육칙어**(教育勅語) : 1890년 10월 31일 메이지 천황에 의해 반포된 메이지정부의 교육방침. 역대 천황이 국가와 도덕을 확립하였음을 언급하며, "국민의 충효심이 '국체의 정화'이자 '교육의 기원'이다."고 규정하고 있다. 부모에게 효행, 부부의 조화, 형제간의 우애, 학문의 중요함, 준법 정신 등 12가지의 덕목이 명기되어 있으며, 이를 지키는 것이 국민의 전통임을 강조하고 있다. 패전 이후 1948년 6월 19일 폐지되었다.
15 **무신조서**(戊申の詔書) : 1908년(戊申年)에 반포된 메이지 천황의 어지(御旨). 러일전쟁 이후 급격히 대두해 온 자유주의, 개인주의와 사회주의의 사상적 조류에 위기감을 느낀 제2차 가쓰라 내각이 천황제에 입각하는 국민 도덕을 강화하기 위한 사상대책의 일환이었다. 너무 화려한 것을 경고하고, 상하일치(上下一致)하고 근검역행(勤儉力行)하여 국가 경제력 증강을 강조하였다.

第三篇

雁

(第二篇 「雁」ノ朝鮮語譯)

기럭아、기럭아、날어라
큰기럭이압흐로
젹은기럭이뒤흐로
사의조케날어라

달

(朝鮮歌)

一 달아달아밝은달아　리틱빅이노든달아
　져긔져긔져달속에　계수나무빅혓스니
　옥독긔로찍어닉고　금독긔로다듬어셔

二 초가삼간집을짓고　량친부모뫼셔다가
　쳔년만년살고지고　쳔년만년살고지고
　량친부모뫼셔다가　쳔년만년살고지고

兎와龜

(第二篇「兎卜龜」ノ朝鮮語譯)

一　여보여보거북님　늬말드러보
　　天地間動物中에　네발가지고
　　뎌갓치느린거름　처음보와라
　　異常타그듸거름　엇지그런가

二　여보여보톡기님　무슴말인가
　　그러ᄒ면나ᄒ고　競走ᄒ려나
　　여긔셔바로쩌나　뎌山ᄶᅡ지에
　　누구라먼져가나　늬기희보셰

三　아모리뎌거북이　속히거러도
　　밤ᄶᅡ지걸닐지니　잠깐잠자고
　　쳔쳔히가드릭도　뎌못밋츨가
　　콜 콜 ᄯᅩ 콜 콜　톡기코곤다

四　아츳츳너머잣다　어셔가보자
　　쌍동쌍동ᄯᅩ쌍동　톡기닷는다
　　거북은쉬지안코　먼져갓도다
　　자랑ᄒ든톡기는　어이느졋나

피엿네피엿네

(第二篇「ヒライタヒライタ」ノ朝鮮語譯)

一　피엿네　　피엿네　　무삼꼿치　피엿나
　　蓮꼿치　　피엿네　　피엿다고　하엿더니
　　볼동안에　옴첫네

二　옴첫네　　옴첫네　　무삼꼿치　옴첫나
　　蓮꼿치　　옴첫네　　옴첫다고　하엿더니
　　볼동안에　피엿네

紙鳶

(第二篇「タコ」ノ朝鮮語譯)

一　연아연아올너라　　부는바람잘밧어
　　구름까지올너라　　하날까지올너라

二　저것저것처진다　　쇠둑여라연줄을
　　저것저것올은다　　풀지마라연줄을

時計

(第二篇「時計」ノ朝鮮語譯)

一 時計는아침부터　　잿걱잿걱
　　한갈갓치한소래로　움작이고잇스되
　　잠－간도한－곳만　가라치지아니하고
　　밤－까지이－갓치　잿걱잿걱

二 時計는밤이라도　　잿걱잿걱
　　우리들이寢房에셔　자고잇는동안에도
　　잠－간도쉬지안코　숨도쉬지아니하고
　　아침까지이－갓치　잿걱잿걱

大正三年三月十三日印刷
大正三年三月十五日發行
大正三年五月二十五日再版

定價金六錢

朝鮮總督府

總務局印刷所印刷

일제강점기 조선총독부 편찬
초등학교 〈唱歌〉 교과서 대조번역 (上)

『普通學校唱歌書』

第一學年用

緒 言

一 本書ハ普通學校第一學年ノ唱歌科教科書ニ充ツルモノナリ。

二 本書ヲ教授スルニ方リテハ、適宜教材ノ順序ヲ變更シ、又ハ他學年トノ間ニ教材ヲ相互ニ變更スルモ妨ナシ。

三 儀式ニ關スル唱歌ハ生徒ノ進步ヲ計リテ教授スベシ。

四 教師ハ歌フコトヲ授クル前、必ズ歌詞ノ大意ヲ授クベシ。

五 本書歌詞ノ假名遣ハ表音的假名遣ニ依レルモ、儀式ニ關スル唱歌ニ限リ歷史的假名遣ヲ用ヒタリ。而シテ振假名ハ總ベテ表音的假名遣トセリ。

大正九年一月

朝 鮮 總 督 府

서언

1. 본서는 보통학교(현재의 초등학교) 제1학년 창가 수업용 도서로 사용하게 한 것임.
2. 본서를 교육하는데 있어서, 교재의 순서를 적절하게 바꾸거나 다른 학년과의 사이에 교재를 상호 변경하는 것도 무방함.
3. 〈의식창가〉는 학생의 발달 상황을 고려하여 가르칠 것.
4. 교사는 노래하는 것을 가르치기 전에, 반드시 가사(歌詞)의 의미를 가르칠 것.
5. 본서에서 가사(歌詞)의 가나(仮名)표기는 표음적가나(表音的仮名) 표기에 의했으나, 〈의식창가〉에 한하여 역사적가나(歷史的仮名) 표기를 사용하였다. 그러나 독음은 모두 표음적가나 표기를 사용하였음.

1920년 1월

조 선 총 독 부

『普通學校唱歌書』第一學年用
『보통학교창가서』 제1학년용

目次(목차)

儀式ニ關スル唱歌
의식창가

	君(キミ)ガヨ	138
	기미가요	139
一	학교	140
二	동모	141
三	달	142
四	연	143
五	기럭이	144
六	픠엿네픠엿네	145
七	톡기와거북	146
八	시계	147
九	ガツコウ	148
	학교	149
一〇	トモダチ	150
	동무	151
一一	鳩(ハト)	152
	비둘기	153
一二	雁(ガン)	154
	기러기	155
一三	オ月(ツキ)サマ	156
	달님	157
一四	ヒライタヒライタ	158
	피었네 피었어	159
一五	兎(ウサギ)ト亀(カメ)	160
	토끼와 거북이	161
一六	親(オヤ)ノ恩(オン)	162
	부모의 은혜	163

一七	日(ヒ)ノマルノハタ ………………………………… 164
	일장기 ……………………………………………… 165
一八	タコ ……………………………………………… 166
	연 ………………………………………………… 167
一九	桃太郎(モモタロウ) ……………………………… 168
	모모타로 …………………………………………… 169

君(キミ)ガヨ

君(キミ)ガヨハ
　　チヨニヤチヨニ
　　　　サザレイシノ
　　イハホ(ワオ)トナリテ
　　　　コケノムスマデ。

기미가요

천황의 성대는
　　천대만대에 걸쳐
　　　　조약돌이
　　바위가 되고
　　　　이끼가 낄 때까지

一、학교

一、우리학교조흔곳에　여러조흔션싱님께
　　조흔말삼만히듯고　조흔일을만히배워
　　각싴칙을읽어가며　글시습ᄌᆞ째째하야
　　날과날로간단업시　조흔일을익혀보세

二、공부쉬는시간에는　사이조흔동모들과
　　달음박질숨박곡질　활발하게함셕하야
　　서로몸을단련하니　ᄌᆞ미잇는곳이로다
　　나는진졍우리학교　민양데일즐기노라

(本書九「學校(ガツコウ)」ノ朝鮮語譯)

二、동모

一、날과날로동모하야　학교가서공부하고
　　서로손을잇쓰을어　한가지로돌아오니
　　갈째에도깃거웁고　올째에도즐거웁다
　　우리학교동모들이　참말뎨일즁하도다

二、피츠서로아는일은　셩심으로가르치고
　　피츠서로몰으거든　즈셰하게잘물어서
　　일신평싱견력으로　여러공부하야보세
　　우리학교동모들이　참말뎨일즁하도다

(本書一〇「友(トモ)ダチ」ノ朝鮮語譯)

三、달(朝鮮歌)

一、달아달아밝은달아
　　　　리태빅이노던달아
　저긔저긔저달속에
　　　　계슈나무박혓스니
　옥독긔로찍어내고
　　　　금독긔로다듬어서

二、초가삼간집을짓고
　　　　량친부모뫼셔다가
　쳔년만년살고지고
　　　　쳔년만년살고지고
　량친부모뫼셔다가
　　　　쳔년만년살고지고

四、연

一、연아연아올너라
　　　　부는바람잘바더
　　구름까지올너라
　　　　하날까지올너라

二、저것저것처진다
　　　　소둑여라연줄을
　　저것저것올은다
　　　　풀지마라연줄을

　　　　　(本書一八「タコ」ノ朝鮮語譯)

五、기럭이

기럭아 기럭아
        날 어 라
큰 기 럭 이
        압 흐 로
적 은 기 럭 이
        뒤 으 로
사 이 좃 케
        날 어 라

(本書一二「雁(ガン)」ノ朝鮮語譯)

六、픠엿네픠엿네

一、픠엿네　픠엿네
　　　무슨꼿치픠엿나
　　　련꼿치픠엿네
　　　　픠엿다고하얏더니
　　　　볼동안에옴첫네

二、옴첫네　옴첫네
　　　무슨꼿치옴첫나
　　　련꼿치옴첫네
　　　　옴첫다고하얏더니
　　　　볼동안에픠엿네

(本書一四「ヒライタヒライタ」ノ朝鮮語譯)

七、톡기 와 거북

一、여보여보거북님 내말들어보
　　 텬디간동물즁에 네발가지고
　　　 저갓치느린걸음 처음보와라
　　　 이샹타그대걸음 엇지그런가

二、여보여보톡기님 무슨말인가
　　 그러하면나하고 경주하랴나
　　　 여긔서바로써나 저산까지에
　　　 누구라몬저가나 내기해보세

三、아모리저거북이 속히걸어도
　　 밤까지걸닐지니 잠간잠자고
　　　 천천히가더라도 저못밋츨가
　　　 콜 콜 쏘 콜 콜 톡기코곤다

四、아찻차너무잣다 어서가보자
　　 쌍동쌍동쏘쌍동 톡기닷는다
　　　 거북은쉬지안코 몬저갓도다
　　　 자랑하던톡기는 어이느젓나

(本書一五「兎(ウサギ)卜龜(カメ)」ノ朝鮮語譯)

八、시계

一、 시계는아침부터　　잿걱잿걱
　　한갈갓치한소리로　움작이고잇스되
　　잠간도한－곳만　　가르치지아니하고
　　밤－까지이－갓치　잿걱잿걱

二、 시계는밤이라도　　잿걱잿걱
　　우리들이침방에서　자고잇는동안에도
　　잠－간도쉬지안코　숨도쉬지아니하고
　　아침까지이－갓치　잿걱잿걱

(第二學年用――「時計」ノ朝鮮語譯)

九、ガッコウ

一、ガッコウヨイトコ、　ヨイセンセイニ
　　ヨイコトタクサン　　オシエテモラウ。
　　ホンヲヨンダリ、　　テナライシタリ、
　　マイニチマイニチ　　ヨイコトナラウ。

二、ヤスミノジカンニ、　ナカヨイトモト、
　　カケクラオニゴト　　イロイロヤッテ、
　　カラダヲキタエル　　タノシイトコロ、
　　ワタシハガッコウ　　一(イチ)バンスキヨ。

9. 학교

1 학교는 좋은 곳 　　좋은 선생님에게
　좋은 것을 많이 　　배워요
　책을 읽거나 　　　글쓰기를 하여
　날마다 　　　　　좋은 것을 배워요

2 쉬는 시간에는 　　사이좋은 친구와
　달리기 숨바꼭질 　여러 가지 하여
　신체를 단련하는 　즐거운 곳
　나는 학교가 　　　제일 좋아요

一〇、トモダチ

一、イツモサソッテ　　　　　ガッコウニイッテ、
　　テヲヒキアッテ　　　　　イッショニカエル。
　　イクモウレシク、　　　　カエルモタノシ。
　　ガッコウトモダチ　　　　一(イチ)バンダイジ。

二、シッテイルコト　　　　　タガイニオシエ、
　　ワカラナイコト　　　　　タガイニキイテ、
　　一(イツ)ショウケンメイ　カギョウヲハゲム。
　　ガッコウトモダチ　　　　一(イチ)バンダイジ。

10. 동무

1 언제나 권하여 　학교에 가고
　서로 손을 잡고 　함께 돌아와요
　갈 때도 기쁘고 　올 때도 즐겁다
　학교 동무들 　제일 소중하지요

2 알고 있는 것은 　서로 가르쳐주고
　모르는 것은 　서로 물어서
　열심히 　학업에 힘쓰네
　학교 동무들 　제일 소중하지요

一一、鳩(ハト)

一、ポッ　ポッ　ポ、
　　　鳩(ハト) ポッ　ポ、
　マメガホシイカ、
　　　　ソラヤルゾ。
　　ミンナデナカヨク、
　　　　　タベニコイ。

二、ポッ　ポッ　ポ。
　　　鳩(ハト) ポッ　ポ、
　マメハウマイカ、
　　　タベタナラ、
　　一(イチ)ドニソロッテ、
　　　　　トンデイケ。

11. 비둘기

1 구- 구- 구
　　　비둘기 구- 구
　콩이 먹고프냐?
　　　　　그럼 주고말고!
　　　모두가 사이좋게
　　　　　　먹으러 오렴

2 구- 구- 구
　　　비둘기 구- 구
　콩은 맛있었어?
　　　　　먹었으면
　　　다함께 모여서
　　　　　　날아가거라

一二、雁(ガン)

ガン ガン
　　ワタレ。
オウキナ雁(ガン)ハ
　　　サキニ、
チイサナ雁(ガン)ハ
　　　　アトニ、
ナカヨク
　　ワタレ。

(小學唱歌)

12. 기러기

기럭아 기럭아
   날아라
큰 기러기
    앞으로
작은 기러기
    뒤로
사이좋게
   날아라

(소학창가)

一三、オ月(ツキ)サマ

一、オトウサン、オカアサン、
　　ハヤクデテゴランヨ、
　　　オ月(ツキ)サマガ
　　　　デマシタ。

二、マルクマルク、マンマルク、
　　マリノヨウニマンマルク、
　　　モリノ上(ウエ)ニ
　　　　デマシタ。

13. 달님

1 아버지 어머니
　　빨리 나와 보세요
　　달님이
　　　　떴습니다

2 둥글 둥글 둥글게
　　쟁반같이 둥글게
　　숲 위에
　　　　떴습니다

一四、ヒライタ　ヒライタ

一、ヒライタ、ヒライタ。
　　　ナンノ花(ハナ)ガヒライタ。
　　　レンゲノ花(ハナ)ガヒライタ。
　　　ヒライタトオモッタラ、
　　　ミルマニツボンダ。

二、ツボンダ、ツボンダ。
　　　ナンノ花(ハナ)ガツボンダ。
　　　レンゲノ花(ハナ)ガツボンダ。
　　　ツボンダトオモッタラ、
　　　ミルマニヒライタ。

(敎科適用幼年唱歌)

14. 피었네 피었어

1 피었네 피었어
　　무슨 꽃이 피었나
　연꽃이 피었네
　　피었는가 했더니
　　볼 동안에 오므렸네

2 오므렸네 오므렸어
　　무슨 꽃이 오므렸나
　연꽃이 오므렸네
　　오므렸는가 했더니
　　볼 동안에 피었네

(교과적용유년창가)

一五、兎(ウサギ)ト龜(カメ)

一、モシモシ龜(カメ)ヨ、　　龜(カメ)サンヨ、
　　セカイノウチニ、　　　オマエホド
　　　アユミノノロイ　　　モノハナイ。
　　　ドウシテソンナニ　　ノロイノカ。

二、ナントオッシャル、　　兎(ウサギ)サン。
　　ソンナラオマエト　　　カケクラベ。
　　　ムコウノコ山(ヤマ)ノ　フモトマデ、
　　　ドチラガサキニ　　　カケツクカ。

三、ドンナニ龜(カメ)ガ　　イソイデモ、
　　ドウセバンマデ　　　　カカルダロ。
　　　ココラデチョット　　一(ヒト)ネムリ。
　　　グウグウグウグウ　　グウグウグウ。

四、コレハネスギタ、　　　シクジッタ。
　　ピョンピョンピョンピョン　ピョンピョンピョン。
　　　アンマリオソイ　　　兎(ウサギ)サン。
　　　サッキノジマンハ　　ドウシタノ。

(教科適用幼年唱歌)

15. 토끼와 거북이

1 여보세요 거북　　　거북님
　　세상에서　　　　　그대만큼
　　　　걸음걸이가 늦는　자는　없을 거야
　　　　어째서 그렇게　　늦나요?

2 무슨 말씀을　　　　토끼님
　　그렇다면 너와　　　경주해 보겠어
　　　　저쪽 작은　　　　산기슭까지
　　　　누가 먼저　　　　도착하는지

3 아무리 거북이가　　서둔다 해도
　　어차피 밤까지　　　걸리겠지
　　　　이쯤에서 잠깐　　한숨 자자
　　　　쿨 쿨 쿨 쿨　　　쿨 쿨 쿨

4 아이쿠 너무 잤네　실수했구나
　　깡충 깡충　　　　　깡깡충
　　　　너무 늦었네　　　토끼님
　　　　맨 처음 거드름은　어찌 됐어요?

(교과적용유년창가)

一六、親(オヤ)ノ恩(オン)

一、ノキニスヲクウ　ツバメヲ見(ミ)タカ。
　　雨(アメ)ノフル日(ヒ)モ　風(カゼ)吹(フク)日(ヒ)ニモ、
　　親(オヤ)ハソラヲバ　アッチコッチトンデ、
　　ムシヲトッテキテ、　子(コ)ニタベサセル。

二、ヒヨコソダテル　メンドリ見(ミ)タカ。
　　ココココココト　子ドモヲヨンデ、
　　ニワノスミヤラ　ハタケノナカデ、
　　エヲバサガシテ、　子(コ)ニヒロワセル。

16. 부모의 은혜

1 처마에 둥지 트는   제비를 보았는가?
　　비 오는 날도   바람 부는 날에도
　어미는 하늘을   여기저기 날아서
　　벌레를 잡아 와   새끼에게 먹이네

2 병아리 길러내는   암탉을 보았는가?
　　꼬꼬꼬 꼬꼬꼬   새끼를 불러 모아
　마당 구석   밭 여기저기서
　　먹이를 찾아   새끼에게 먹이네

一七、日(ヒ)ノマルノハタ

一、白(シロ)ヂニ赤(アカ)ク
　　　　日(ヒ)ノマルソメテ、
　ア、ウツクシヤ、
　　　　日本(ニホン)ノハタハ。

二、アサヒノノボル
　　　　イキオイ見セテ、
　ア、イサマシヤ、
　　　　日本(ニホン)ノハタハ。

17. 일장기

1 하얀 바탕에   빨갛게
　　　 둥근 태양 그려서
　 아- 아름다워라
　　　 일본의 국기는

2 아침해 솟아오르는
　　　 기상을 보라
　 아- 용맹스러워라
　　　 일본의 국기는

一八、タコ

一、タコタコアガレ。
　　　風(カゼ)ヨクウケテ、
　　雲(クモ)マデアガレ。
　　　天(テン)マデアガレ。

二、アレアレサガル。
　　　ヒケヒケ糸(イト)ヲ。
　　アレアレアガル。
　　　ハナスナ糸(イト)ヲ。

18. 연

1 연아 연아 올라라
　　바람 잘 타고
구름까지 올라라
　　하늘까지 올라라

2 저런 저런 내려간다
　　당겨라 당겨 연줄을
옳지 옳지 올라간다
　　풀지마라 연줄을

一九、桃太郎(モモタロウ)

一、桃(モモ)カラウマレタ　桃太郎(モモタロウ)、
　　　キハヤサシクテ　力(チカラ)モチ、
　　　オニガ島(シマ)ヲバ　ウタントテ、
　　　イサンデ家(イエ)ヲ　デカケタリ。

二、日本一(ニツポンイチ)ノ　キビダンゴ、
　　　ナサケニツキクル　犬(イヌ)ト猿(サル)。
　　　雉(キジ)モモロウテ　オトモスル。
　　　イソゲモノドモ　オクルナヨ。

三、ハゲシイイクサニ　大(ダイ)ショウリ。
　　　オニガ島(シマ)ヲバ　セメフセテ、
　　　トッタタカラハ　ナニナニゾ。
　　　キンギンサンゴ　アヤニシキ。

四、車(クルマ)ニツンダ　タカラモノ、
　　　犬(イヌ)ガヒキ出(ダ)ス、　エンヤラヤ。
　　　猿(サル)ガアトオス　エンヤラヤ。
　　　雉(キジ)ガツナヒク　エンヤラヤ。

(敎科適用幼年唱歌)

19. 모모타로

1 복숭아에서 태어났다네 모모타로는
　　　마음은 상냥하고 힘은 장사
　도깨비섬을 쳐부수려고
　　　용감하게 집을 나섰다네

2 일본 제일의 수수경단 가지고
　　　인정에 끌려 따라나선 개와 원숭이
　꿩도 경단 받고 동행하였네
　　　모두다 서두르자 늦지 않도록

3 격렬한 싸움에서 크게 승리하여
　　　도깨비섬을 항복시키고
　빼앗은 보물이 무엇 무엇이더냐
　　　금 은 산호에 온갖 비단이라네

4 수레에 가득 쌓은 금은보화
　　　앞에서 개가 끈다 영치기 영차
　뒤에서 원숭이가 민다 영치기 영차
　　　꿩이 줄 당긴다 영치기 영차

(교과적용유년창가)

大正九年三月二十五日發行
大正九年三月二十三日印刷

（大正十一年三月十五日飜刻）

印刷所 凸版印刷株式會社
東京市下谷區二長町一番地

印刷株式會社代表者
上源之丞
東京市下谷區二長町一番地

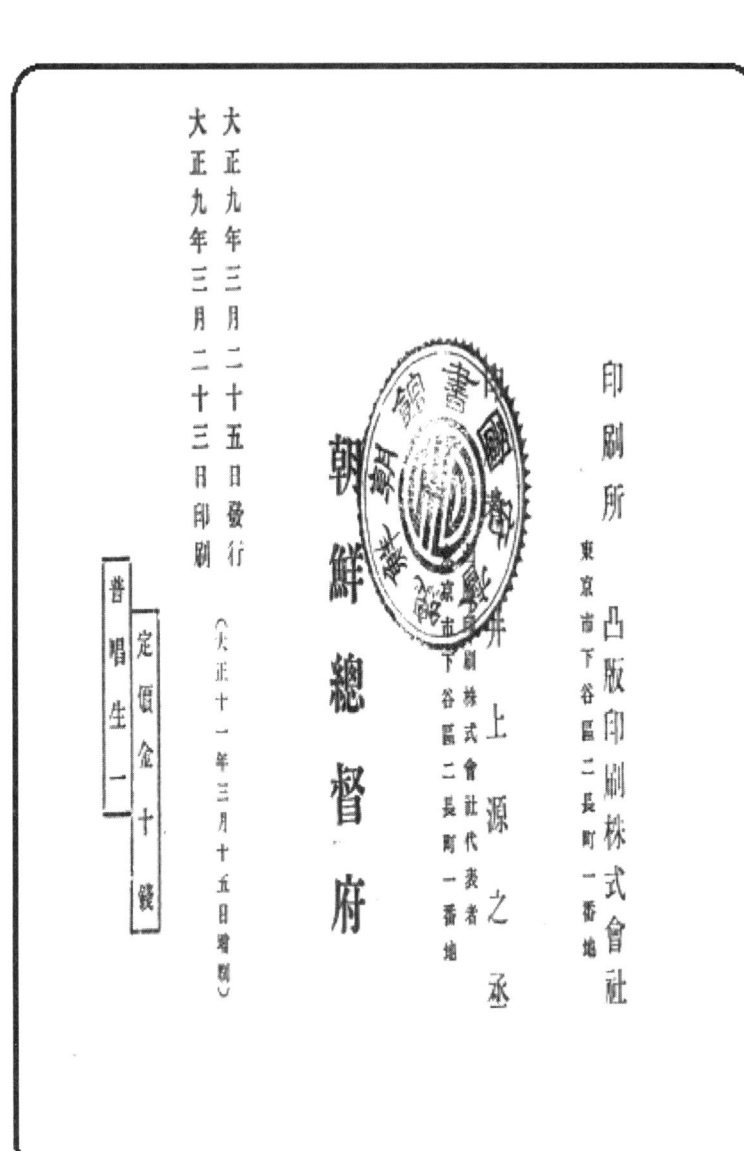

朝鮮總督府

定價金十錢

普唱生一

일제강점기 조선총독부 편찬
초등학교 〈唱歌〉 교과서 대조번역 (上)

『普通學校唱歌書』

第二學年用

緒言

一 本書ハ普通學校第二學年ノ唱歌科敎科書ニ充ツルモノナリ。

二 本書ヲ敎授スルニ方リテハ、適宜敎材ノ順序ヲ變更シ、又ハ他學年トノ間ニ敎材ヲ相互ニ變更スルモ妨ナシ。

三 儀式ニ關スル唱歌ハ生徒ノ進步ヲ計リテ敎授スベシ。

四 敎師ハ歌フコトヲ授クル前、必ズ歌詞ノ大意ヲ敎フベシ。

五 本書歌詞ノ假名遣ハ表音的假名遣ニ依レルモ、儀式ニ關スル唱歌ニ限リ歷史的假名遣ヲ用ヒタリ。而シテ振假名ハ總ベテ表音的假名遣トセリ。

大正九年一月

朝 鮮 總 督 府

서언

1. 본서는 보통학교(현재의 초등학교) 제2학년 창가 수업용 도서로 사용하게 한 것임.
2. 본서를 교육하는데 있어서, 교재의 순서를 적절하게 바꾸거나 다른 학년과의 사이에 교재를 상호 변경하는 것도 무방함.
3. 〈의식창가〉는 학생의 발달 상황을 고려하여 가르칠 것.
4. 교사는 노래하는 것을 가르치기 전에, 반드시 가사(歌詞)의 의미를 가르칠 것.
5. 본서에서 가사(歌詞)의 가나(仮名)표기는 표음적가나(表音的仮名) 표기에 의했으나, 〈의식창가〉에 한하여 역사적가나(歷史的仮名) 표기를 사용하였다. 그러나 독음은 모두 표음적가나 표기를 사용하였음.

1920년 1월

조 선 총 독 부

『普通學校唱歌書』第二學年用
『보통학교창가서』 제2학년용

目次(목차)

儀式ニ關スル唱歌
의식창가
- 君(キミ)ガヨ ······································ 178
- 기미가요 ··· 179
- 天長節(テンチョウセツ) ···················· 180
- 천장절 ··· 181

一 木(キ)ウエ ······································· 182
   나무심기 ··· 183
二 サクラ ··· 184
   벚꽃 ··· 185
三 ヨク學(マナ)ビヨク遊(アソ)ベ ········ 186
   열심히 공부하고 신나게 놀아라 ······· 187
四 花(ハナ)サカセジジイ ······················ 188
   꽃피우는 할아버지 ··························· 189
五 カタツムリ ······································· 190
   달팽이 ··· 191
六 池(イケ)ノ鯉(コイ) ··························· 192
   연못의 잉어 ····································· 193
七 ヒヨコ ··· 194
   병아리 ··· 195
八 小馬(コウマ) ···································· 196
   망아지 ··· 197
九 田植(タウエ) ···································· 198
   모내기 ··· 199
一〇 雨(あめ) ··· 200
   비 ··· 201
一一 時計(とけい) ·································· 202
   시계 ··· 203

一二	物言(ものい)う龜(かめ)	204
	말하는 거북이	208
一三	汽車(きしゃ)	206
	기차	207
一四	運動會(うんどうかい)	208
	운동회	209
一五	兎(うさぎ)	210
	토끼	211
一六	富士山(ふじさん)	212
	후지산	213
一七	牡丹臺(ぼたんだい)	214
	모란대	215

君(キミ)ガヨ

君(キミ)ガヨハ
　　　チヨニヤチヨニ
　　　　　サザレイシノ
　　イハホ(ワオ)トナリテ
　　　　　コケノムスマデ。

기미가요

천황의 성대는
　천대만대에 걸쳐
　　조약돌이
바위가 되고
　　이끼가 낄 때까지

天長節(テンチヨウセツ)

今日(キヨウ)ノヨキ日(ヒ)ハ
ウマレタマヒ(イ)シ
今日(キヨウ)ノヨキ日(ヒ)ハ
サシデタマヒ(イ)シ
ヒカリアマネキ
イハヘ(ワエ)モロビト
メグミアマネキ
イハヘ(ワエ)モロビト

大君(オウギミ)ノ
ヨキ日(ヒ)ナリ。
ミヒカリノ
ヨキ日(ヒ)ナリ。
君(キミ)ガヨヲ
モロトモニ。
君(キミ)ガヨヲ
モロトモニ。

천장절

오늘같이 좋은 날은　　천황폐하가
이 세상에 탄생하신　　좋은 날이라
오늘같이 좋은 날은　　서광이
비추기 시작하는　　　좋은 날이라

온 누리에 비치는　　　천황 치세를
경축하라 모든 이여　　모두 다함께
온누리에 미친 은혜　　천황 치세를
경축하라 모든 이여　　모두 다함께

一、木(キ)ウエ

一、　ウエヨヤウエヨヤ、
　　　　　カワイイ小松(コマツ)ヲ。
　　　松(マツ)ハスズシイ
　　　　　日(ヒ)カゲヲツクル。

二、　ソダテヨソダテヨ、
　　　　　ミドリノ小松(コマツ)ヲ。
　　　松(マツ)ハ冬(フユ)デモ
　　　　　ミサオヲカエヌ。

三、　ウレシヤタノシヤ、
　　　　　ワレラノ山(ヤマ)ニハ、
　　　松(マツ)ノハヤシガ
　　　　　ズンズンシゲル。

1. 나무심기

1 심어보세 심어보세
　　사랑스런 어린 소나무를
　소나무는 시원한
　　그늘을 만든다네

2 키워보세 키워보세
　　푸르른 어린 소나무를
　소나무는 겨울에도
　　절개를 지킨다네

3 기쁘고도 즐겁구나
　　우리들의 산에는
　소나무숲이
　　무럭 무럭 무성하다네

二、サクラ

一、野(ノ)ベニ山(ヤマ)ニ、　サクラノ花(ハナ)ガ、
　　　サイタサイタ、　キレイニサイタ。
　　花(ハナ)ノ下(シタ)デ、　オウゼイアソブ、
　　　歌(ウタ)ヲウタイ、　オニゴトシタリ。

二、ヒラリヒラリ、　キレイナ花(ハナ)ガ、
　　　チルヨチルヨ、　サクラノ花(ハナ)ガ。
　　カタノ上(ウエ)ニ、　アタマノ上(ウエ)ニ、
　　　トマル花(ハナ)ハ、　カエリノミヤゲ。

(教科適用幼年唱歌)

2. 벚꽃

1 산에도 들에도 벚꽃이
　　　피었네 피었어 아름답게 피었네
　벚꽃나무 아래서 모두 함께 놀아요
　　　노래도 부르고 술래잡기도 하면서

2 팔랑 팔랑 아름다운 벚꽃이
　　　떨어지네 떨어져 아름다운 꽃잎이
　어깨 위에도 머리 위에도
　　　떨어진 벚꽃은 귀갓길의 선물

(교과적용유년창가)

三、ヨク學(マナ)ビヨク遊(アソ)ベ

一、ツクエノ前(マエ)デハ―(イツ)シンニ、
　　　何(ナニ)モオモワズヨク學(マナ)ベ。
　遊(アソ)ビナガラノベンキョウハ、
　　　時間(ジカン)ヲムダニスルバカリ。
　學(マナ)ベ學(マナ)ベ―(イツ)シンニ。
　　　學(マナ)ベ學(マナ)ベ―(イツ)シンニ。

二、カギョウガスンダラ―(イツ)シンニ、
　　　何(ナニ)モワスレテヨク遊(アソ)ベ。
　タダオモシロク遊(アソ)ブノガ、
　　　ゲンキヲツケルヨイクスリ。
　遊(アソ)ベ遊(アソ)ベ―(イツ)シンニ。
　　　遊(アソ)ベ遊(アソ)ベ―(イツ)シンニ。

3. 열심히 공부하고 신나게 놀아라

1 책상 앞에서는 일심(一心)으로
　　　아무것도 생각 말고 열심히 공부해라
　놀면서 하는 공부는
　　　시간을 헛되이 할 뿐이라
　공부해라 공부해 일심으로
　　　공부해라 공부해 일심으로

2 수업이 끝나면 일심으로
　　　아무것도 생각 말고 신나게 놀아라
　오로지 재미있게 노는 것이
　　　건강을 다지는 좋은 약
　놀아라 놀아 일심으로
　　　놀아라 놀아 일심으로

四、花(ハナ)サカセジジイ

一、ショウジキジジイガ　　　　　ハイマケバ、
　野原(ノハラ)モ山(ヤマ)モ　　　花(ハナ)ザカリ。
　　人人(ヒトビト)大(タイ)ソウ　ヨロコンデ、
　　ジジイヲホメテ　　　　　　　金(カネ)ヲヤル。

二、イヂワルジジイガ　　　　　　ハイマケバ、
　目鼻(メハナ)モ口(クチ)モ　　　ハイダラケ。
　　人人(ヒトビト)大(タイ)ソウ　ハラヲ立(タ)テ、
　　ジジイヲウッタエ　　　　　　シバラセル。

4. 꽃피우는 할아버지

1 정직한 할아버지가 재를 뿌리니
 산에도 들에도 꽃 천지
  동네사람 매우 기뻐서
  할아버지를 칭찬하며 돈을 주었네

2 심술궂은 할아버지가 재를 뿌리니
 눈도 코도 입도 모두 재투성이
  동네사람 몹시 화내며
  할아버지를 붙잡아 묶었네

五、カタツムリ

一、デンデン蟲(ムシ)蟲(ムシ)　カタツムリ、
　　オ前(マエ)ノアタマハ　ドコニアル。
　　　角(ツノ)出(ダ)セヤリ出(ダ)セ　アタマ出(ダ)セ。

二、デンデン蟲(ムシ)蟲(ムシ)　カタツムリ、
　　オ前(マエ)ノメダマハ　ドコニアル。
　　　角(ツノ)出(ダ)セヤリ出(ダ)セ　メダマ出(ダ)セ。

5. 달팽이

1 나와라 나와라 달팽아 달팽아
　너의 머리는 어디에 있니?
　　뿔을 내밀어라 촉수를 내밀어라 머리를 내
　　밀어라

2 나와라 나와라 달팽아 달팽아
　너의 눈은 어디에 있니?
　　뿔을 내밀어라 촉수를 내밀어라 눈을 내밀
　　어라

六、池(イケ)ノ鯉(コイ)

一、デテコイデテコイ池(イケ)ノ鯉(コイ)。
　　　低(ソコ)ノ松藻(マツモ)ノシゲッタナカデ、
　　　　　手(テ)ノナル音(オト)ヲ聞(キ)イタラコイ。

二、デテコイデテコイ池(イケ)ノ鯉(コイ)。
　　　岸(キシ)ノ柳(ヤナギ)ノシダレタカゲエ、
　　　　　ナゲタ焼麩(ヤキフ)ガ見(ミ)エタラコイ。

6. 연못의 잉어

1 나와라 나와라 연못속의 잉어
　　연못 아래 수초가 무성한 속에서
　　　손뼉 치는 소리 들으면 나와라

2 나와라 나와라 연못속의 잉어
　　연못가 버드나무가 무성한 속에서
　　　던져 준 먹이가 보이면 나와라

七、ヒヨコ

一、ヒヨヒヨヒヨコ、　　　　　　チイサナヒヨコ、
　　兄弟(キヨウダイ)ナカヨク　　一(イツ)ショニ歩(アル)ケ。

　　アシノツヨク　　　　　　　　ナラヌウチニ、
　　遠(トウ)クエ行(イ)クナ。　　ヒトリデ行(イ)クナ。

二、ヒヨヒヨヒヨコ、　　　　　　カワイイヒヨコ、
　　イツデモ親(オヤ)ニ　　　　　ダカレテ眠(ネム)レ。
　　ハネノナガク　　　　　　　　ナラヌウチニ、
　　ハナレテネルナ。　　　　　　ヒトリデネルナ。

7. 병아리

1 삐악 삐악 병아리　　자그마한 병아리
　형 동생 사이좋게　　함께 걸어라
　다리가 튼튼하게　　되기 전에는
　멀리 가지 말아라　　혼자 가지 말아라

2 삐악 삐악 병아리　　귀여운 병아리
　언제나 엄마 품에　　안겨 자거라
　날개가 크게　　　　되기 전에는
　떨어져 자지 말아라　혼자 자지 말아라

八、小馬(コウマ)

一、ハイシイハイシイ　　　　アユメヨ小馬(コウマ)。
　　山(ヤマ)デモサカデモ　　ズンズンアユメ。
　　オ前(マエ)ガススメバ、　ワタシモススム。
　　アユメヨアユメヨ、　　　足(アシ)オトタカク。

二、パカパカパカパカ、　　　走(ハシ)レヨ小馬(コウマ)。
　　ケレドモイソイデ、　　　ツマズクマイゾ。
　　オ前(マエ)ガコロベバ、　ワタシモコロブ。
　　走(ハシ)レヨ走(ハシ)レヨ、　コロバヌヨウニ。

8. 망아지

1 이랴 이랴
  산길이든 비탈이든
  네가 앞서가면
  어서 가자, 어서 가

  어서 가자 망아지야
  성큼 성큼 가자꾸나
  나도 따라간다
  발소리도 힘차게

2 따각 따각 따각 따각
  하지만 서두르다
  네가 넘어지면
  달려라 달려

  달려라 망아지야
  쓰러지지 말아라
  나도 넘어진다
  넘어지지 않도록

九、田植(タウエ)

一、今(イマ)ハイソガシ、　田植(タウエ)ドキ。
　　　ココデハ馬(ウマ)ニ　田(タ)ヲスカセ、
　　　ソコデハ苗(ナエ)ヲ　田(タ)ニウエル。
　　　スカセル、　ウエル、　イソガシヤ。

二、コレカラタビタビ、　田草(タグサ)トリ、
　　　シダイニ手(テ)カズガ　フエテ行(イ)ク。
　　　ドウゾ秋(アキ)マデ　ツゴウヨク、
　　　天氣(テンキ)モツヅケ、　雨(アメ)モ
　　　フレ。

(新編教育唱歌集)

9. 모내기

1 지금은 농번기   모내기 시절
　　　여기서는 말로   논갈이 하고
　　저기서는 모를   논에다 심네
　　　　가느냐 심느냐 분주하구나

2 이제부터 때때로   잡초도 뽑고
　　　갈수록 할일이   늘어만 가네
　　아무쪼록 가을까지   형편에 맞춰
　　　　좋은 날씨 이어지고 비도 내려라

(신편교육창가집)

一〇、雨(あめ)

一、ふれふれ雨(あめ)よ、みやこの雨(あめ)よ。
　　　馬(うま)や車(くるま)のおうらいたえぬ
　　町(まち)のほこりのしずまるほどに、
　　　雨(あめ)よふれふれ、ほどよくふれ。

二、ふれふれ雨(あめ)よ、いなかの雨(あめ)よ。
　　　茄子(なす)や胡瓜(きうり)の花(はな)さきそろう
　　畑(はたけ)のつちのうるおうほどに、
　　　雨(あめ)よふれふれ、ほどよくふれ。

10. 비

1 내려라 내려 비야 황도(皇都)에 내리는 비야
　말이나 인력거 왕래가 끊임없는
거리의 먼지 가라앉을 정도로
　비야 내려라 내려 알맞게 내려라

2 내려라 내려 비야 시골에 내리는 비야
　가지나 오이꽃이 일제히 핀
밭의 흙이 촉촉해 질 정도로
　비야 내려라 내려 알맞게 내려라

一一、時計(とけい)

一、時計(とけい)は朝(あさ)から　かっちんかっちん。
　　おんなじひびきで　　　　　動(うご)いておれども、
　　ちっともおんなじ　　　　　所(ところ)をささずに、
　　晩(ばん)までこうして、　　かっちんかっちん。

二、時計(とけい)は晩(ばん)でも　かっちんかっちん。
　　われらが寝床(ねどこ)で、　休(やす)んでおる間(ま)
　　　　　　　　　　　　　　　も、
　　ちっとも休(やす)まず、　　息(いき)をもつがずに、
　　朝(あさ)までこうして、　　かっちんかっちん。

11. 시계

1 시계는 아침부터   똑딱 똑딱
　항상 같은 소리로   움직이고 있어도
　잠시도 같은 곳을   가리키지 않고
　밤까지 이렇게   똑딱 똑딱

2 시계는 밤에도   똑딱 똑딱
　우리들이 잠자리에서   자고 있을 때도
　잠시도 자지 않고   쉬지 않고
　아침까지 이렇게   똑딱 똑딱

一二、物(もの)言(い)う龜(かめ)

一、孝行(こうこう)次郎(じろう)　山(やま)に行(い)き、
　　木(き)の實(み)拾(ひろ)えば、　小(ちい)さな龜(かめ)が
　　人(ひと)のごとくに　　　　　物(もの)を言(い)う。

二、次郎(じろう)その龜(かめ)　取(と)ってきて、
　　皆(みな)に見(み)せたら、　大(だい)大(だい)人(にん)
　　　　　　　　　　　　　　氣。
　　たちまちきずく、　　　　金(かね)のやま。

三、不孝(ふこう)の太郎(たろう)　おなじ龜(かめ)
　　かりてきたれど、　　　　物(もの)をば言(い)わず、
　　うち腹(はら)立(だ)ちて　龜(かめ)ころす。

四、次郎(じろう)泣(な)く泣(な)く、龜(かめ)のから
　　庭(にわ)にうめたら、　　木(き)がはえだして、
　　金(きん)銀(ぎん)財寶(ざいほう)　枝(えだ)になる。

五、太郎(たろう)又(また)もや　枝(えだ)もらい、
　　させば大木(たいぼく)　　見(み)る見(み)るしげり、
　　きたない雨(あめ)が　　　木(き)からふる。

12. 말하는 거북이

1 효자 지로(次郎)　　　　산에 가서
　나무열매 주워 모으니　자그마한 거북이가
　사람처럼　　　　　　　말을 하네

2 지로 그 거북이를　　　가져 와서
　모두에게 보이니　　　엄청난 인기
　순식간에 쌓이네　　　산더미 같은 돈

3 불효자 다로(太郎)　　　같은 거북이
　빌려 왔지만　　　　　말을 하지 않자
　몹시 화를 내며　　　　거북이를 죽였네

4 지로 울며 불며　　　　거북이 시체
　마당에 묻어주니　　　나무가 뻗어나와
　금은 보화　　　　　　가지에 열렸네

5 다로 또 다시　　　　　가지를 얻어
　심으니 거목　　　　　순식간에 무성하네
　더러운 비가　　　　　나무에서 내리네

一三、汽車(きしや)

一、今(いま)は山(やま)中(なか)、今(いま)ははま、
　　今(いま)は鐵橋(てつきよう)渡(わた)るぞと
　　思(おも)う間(ま)もなく、トンネルの
　　やみを通(とう)って廣野原(ひろのはら)。

二、遠(とう)くに見(み)える村(むら)のやね、
　　近(ちか)くに見(み)える町(まち)ののき。
　　森(もり)や林(はやし)や田(た)やはたけ、
　　後(あと)え後(あと)えととんで行(い)く。

三、廻(まわ)り燈籠(どうろう)の畫(え)のように
　　變(かわ)る景色(けしき)のおもしろさ。
　　見(み)とれてそれと知(し)らぬ間(ま)に、
　　早(はや)くもすぎる幾十里(いくじうり)。

13. 기차

1 금세 산속 벌써 해변
　　지금 철교를 지난다고
　생각한 틈도 없이 터널의
　　　어두움 지나서 넓은 들판

2 멀리 보이는 마을 지붕
　　가깝게 보이는 동네 처마
　숲과 임야와 논과 밭
　　　뒤로 뒤로 날아가네

3 회전하는 주마등 그림처럼
　　바뀌는 풍경의 즐거움
　넋을 잃고 보다가 깨닫지 못하는 사이에
　　　빨리도 지나가네 몇십 리 길

一四、運動會(うんどうかい)

一、指折(ゆびお)り數(かぞ)えて　待(ま)つて居(い)た
　　今日(きよう)はたのしき　　運動會(うんどうかい)。
　　　旗(はた)とりかけくら　　元氣(げんき)よく、
　　　みんなで一(いつ)しょに　遊(あそ)びましょう。

二、遊(あそ)ぶときには　　　　よく遊(あそ)び、
　　からだきたえて、　　　　よく學(まな)ぶ、
　　　もといをつくる　　　　運動會(うんどうかい)。
　　　みんなで一(いつ)しょに　遊(あそ)びましょう。

14. 운동회

1 손꼽아 헤아리며 　기다리던
　오늘은 즐거운 　　운동회
　　깃발뺏기 　　　　달리기도 신나게
　　모두 다함께 　　　즐겨보세

2 뛰놀 때는 　　　　신나고 재미나게
　신체를 단련하고 　잘 배워서
　　기초를 다져가는 　운동회
　　모두 다함께 　　　즐겨보세

一五、兎(うさぎ)

一、私(わたし)は兎(うさぎ)ともうすもの、
　　　顔(かお)やからだが小(ちい)さいわりに、
　　耳(みゝ)の長(なが)いのが何(なに)よりじまん。
　　　皆(みな)さんよく見(み)て下(くだ)さいな。

二、げいはこれとてないけれど、
　　　前(まえ)あし短(みじか)く後(あと)あし長(なが)く、
　　飛(と)んではねるのが誰(だれ)より上手(じょうず)。
　　　皆(みな)さんはやして下(くだ)さいな。

15. 토끼

1 나는 토끼올시다
　　얼굴과 몸이 작은 대신
　귀가 큰 것이 무엇보다 자랑거리
　　　여러분 잘 봐주세요

2 재주는 변변치 않지만
　　앞다리 짧고 뒷다리 길어서
　뛰어오르는 것이 누구보다 고수
　　　여러분 칭찬해 주세요

一六、富士山(ふじさん)

一、あたまを雲(くも)の上(うえ)に出(だ)し、
　　四方(しほう)の山(やま)を見(み)おろして、
　　かみなりさまを下(した)に聞(き)く、
　　富士(ふじ)は日本一(につぽんいち)の山(やま)、

二、青空(あおぞら)高(たか)くそびえ立(た)ち、
　　からだに雪(ゆき)の着物(きもの)着(き)て、
　　霞(かすみ)のすそを遠(とう)くひく、
　　富士(ふじ)は日本一(につぽんいち)の山(やま)。

16. 후지산

1 머리를 구름 위에 내밀고
　　사방의 산을 내려다보며
　　천둥소리도 아래에서 들려오네
　　후지산은 일본 제일의 산

2 푸른 하늘에 높이 우뚝 솟아
　　온 몸에 눈옷 입고
　　안개 낀 산자락 멀리 뻗치네
　　후지산은 일본 제일의 산

一七、牡丹臺(ぼたんだい)

一、のぼれのぼれ赤土山(あかつちやま)に、
　　こゝは名(な)だかき牡丹臺(ぼたんだい)。
　　大同江(だいどうこう)はひろびろ流(なが)れ、
　　　飛(と)んで行(い)きたい綾羅島(りようらとう)。

二、靑(あお)い靑(あお)い松(まつ)より上(うえ)の
　　　乙密臺(おつみつだい)に亭(ちん)一(ひと)つ、
　　雨(あめ)にたゝかれ、嵐(あらし)にふかれ、
　　　今(いま)もむかしを物語(ものがた)る。

三、廣(ひろ)い廣(ひろ)い水田(みづた)や畑(はた)に、
　　　小(ちい)さく動(うご)く牛(うし)や馬(うま)。
　　鵲(かち)のなく音(ね)に箕子陵(きしりよう)見(み)れば、
　　　森(もり)のこずえに日(ひ)がおちた。

17. 모란대

1 오르자 올라 황토산에
　　여기는 유명한 모란대
　대동강은 넓게 넓게 흐르네
　　날아가고 싶은 능라도

2 푸르디 푸른 소나무보다 높은
　　을밀대에 정자 하나
　비를 맞아도 폭풍 몰아쳐도
　　지금도 그 옛날을 이야기하네

3 넓디 넓은 논과 밭에
　　조그맣게 움직이는 소와 말
　까치 울음소리에 기자릉 바라보니
　　숲 속 가지 끝으로 해가 저무네

大正九年三月二十五日發行
大正九年三月二十三日印刷

（大正十一年三月十五日増刷）

定價金十二錢

習生三

朝鮮總督府

印刷所 凸版印刷株式會社
東京市下谷區二長町一番地

凸版印刷株式會社代表者
井上源之丞
東京市下谷區二長町一番地

일제강점기 조선총독부 편찬
초등학교 〈唱歌〉 교과서 대조번역 (上)

『普通學校唱歌書』

第三學年用

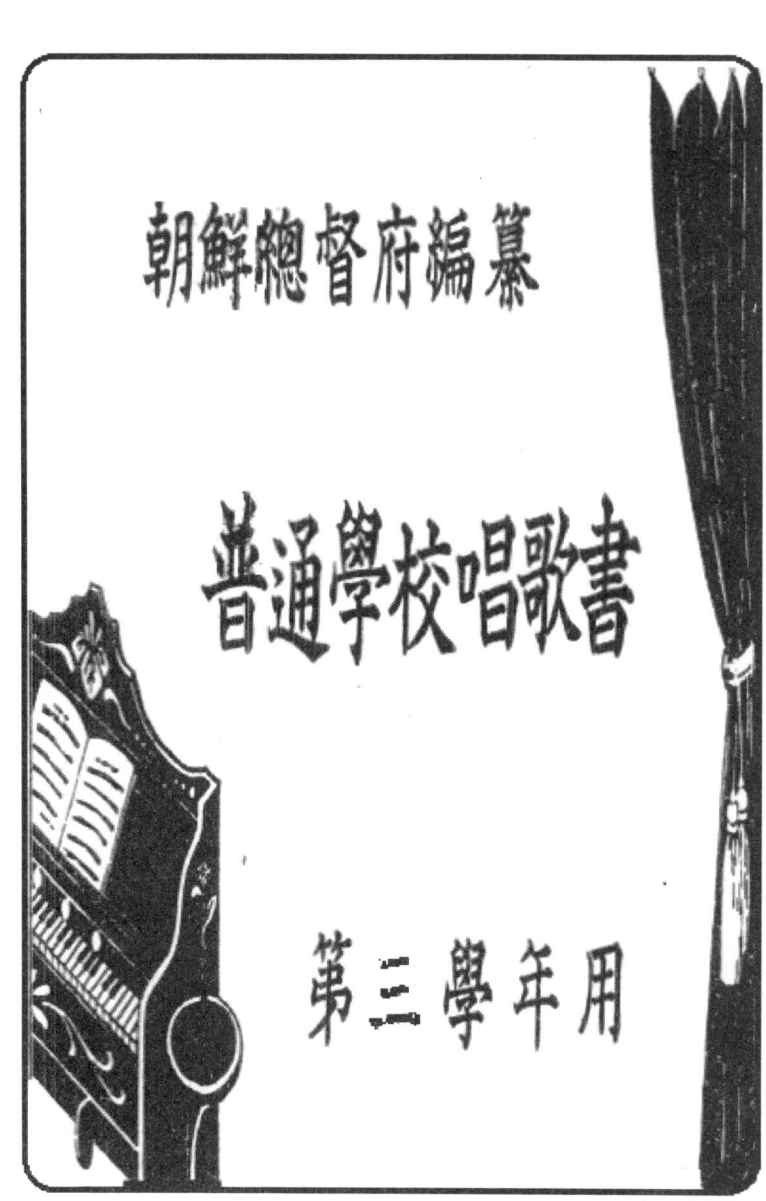

朝鮮總督府編纂

普通學校唱歌書

第三學年用

緒言

一 本書ハ普通學校第三學年ノ唱歌科敎科書ニ充ツルモノナリ。

二 本書ヲ敎授スルニ方リテハ、適宜敎材ノ順序ヲ變更シ、又ハ他學年トノ間ニ敎材ヲ相互ニ變更スルモ妨ナシ。

三 儀式ニ關スル唱歌ハ生徒ノ進步ヲ計リテ敎授スベシ。

四 敎師ハ歌フコトヲ授クル前、必ズ歌詞ノ大意ヲ敎フベシ。

五 本書歌詞ノ假名遣ハ表音的假名遣ニ依レルモ、儀式ニ關スル唱歌ニ限リ歷史的假名遣ヲ用ヒタリ。而シテ振假名ハ總ベテ表音的假名遣トセリ。

大正九年一月

朝 鮮 總 督 府

서언

1. 본서는 보통학교(현재의 초등학교) 제3학년 창가 수업용 도서로 사용하게 한 것임.
2. 본서를 교육하는데데 있어서, 교재의 순서를 적절하게 바꾸거나 다른 학년과의 사이에 교재를 상호 변경하는 것도 무방함.
3. 〈의식창가〉는 학생의 발달 상황을 고려하여 가르칠 것.
4. 교사는 노래하는 것을 가르치기 전에, 반드시 가사(歌詞)의 의미를 가르칠 것.
5. 본서에서 가사(歌詞)의 가나(仮名)표기는 표음적가나(表音的仮名) 표기에 의했으나, 〈의식창가〉에 한하여 역사적가나(歷史的仮名) 표기를 사용하였다. 그러나 독음은 모두 표음적가나 표기를 사용하였음.

1920년 1월

조 선 총 독 부

『普通學校唱歌書』第三學年用
『보통학교창가서』제3학년용

目次(목차)

儀式ニ關スル唱歌
의식창가

　　　　君(きみ)がよ ················· 224
　　　　기미가요 ······················ 225
　　　　一月一日(いちがついちじつ) ···· 226
　　　　1월 1일(설날) ·················· 227
　　　　紀元節(きげんせつ) ············ 228
　　　　기원절 ························ 229
　　　　天長節(てんちようせつ) ········ 230
　　　　천장절 ························ 231
　　　　勅語奉答(ちよくごほうとう) ···· 232
　　　　칙어봉답 ······················ 233
　　　　卒業式(そつぎようしき) ········ 234
　　　　졸업식 ························ 235
一　　　春(はる)が來(き)た ············ 236
　　　　봄이 왔네 ······················ 237
二　　　鴨綠江(おうりよつこう) ········ 238
　　　　압록강 ························ 239
三　　　雲雀(ひばり) ·················· 240
　　　　종달새 ························ 241
四　　　二宮金次郎(にのみやきんじろう) · 242
　　　　니노미야 긴지로 ················ 243
五　　　燕(つばめ) ···················· 244
　　　　제비 ·························· 245
六　　　あさがお ······················ 246
　　　　나팔꽃 ························ 247
七　　　鶴(つる) ······················ 248
　　　　학 ···························· 249

八	京城(けいじょう)	250
	경성	251
九	取入(とりいれ)	254
	추수	255
一〇	菊(きく)	256
	국화	257
一一	運動會(うんどうかい)	258
	운동회	259
一二	秋(あき)の山(やま)	260
	가을산	261
一三	釜山港(ふざんこう)	262
	부산항	263
一四	師(し)の恩(おん)	264
	스승의 은혜	265
一五	おもいやり	266
	배려	267
一六	雪(ゆき)の朝(あした)	268
	눈 오는 아침	269
一七	女子(じょし)の務(つとめ)	270
	여자의 본분	271

君(きみ)がよ

君(きみ)がよは
　　ちよにやちよに
　　　さざれいしの
　　いはほ(わお)となりて
　　　こけのむすまで

기미가요

천황의 성대는
　　천대만대에 걸쳐
　　　　조약돌이
　바위가 되고
　　　이끼가 낄 때까지

一月一日(いちがついちじつ)

一、年(とし)のはじめの　　　　例(ためし)とて、
　　終(おわ)りなき世(よ)の　　めでたさを、
　　松竹(まつたけ)立(た)てて、門(かど)ごとに、
　　いはふ(おう)今日(きょう)こそ　たのしけれ。

二、初日(はつひ)のひかり　　　さしいでて、
　　四方(よも)にかがやく　　　今朝(けさ)のそら、
　　君(きみ)がみかげに　　　　比へ(たぐえ)つつ、
　　仰(あお)ぎ見(み)るこそ　　たふ(とう)とけれ。

1월 1일(설날)

1 한해 시작하는　　징표
　　무궁한 치세의　　경사를
　　가도마쓰 세우네　집집마다
　　축하하는 오늘이야　즐겨나 보세

2 새해 아침 햇살　　내리비치고
　　천지에 빛나는　　새해 아침 하늘
　　폐하의 은덕에　　비할 바 없네
　　우러러 볼 수록　거룩하여라

紀元節(きげんせつ)

一、 千代(ちよ)に八千代(やちよ)に　ゆるぎなき、
　　 國(くに)の御(み)はしら　　　 立(た)てましし、
　　 高(たか)き御(み)いつを　　　 仰(あお)ぎつつ、
　　 祝へ(いわえ)もろ人(びと)　　 今日(きよう)の日(ひ)
　　　　　　　　　　　　　　　　　を。

二、 天(あめ)と地(つち)との　　　 きはみなき、
　　 君(きみ)の御位(みくらい)　　 定(さだ)まりし、
　　 遠(とう)き昔(むかし)を　　　 しのびつつ、
　　 祝へ(いわえ)もろ人(びと)　　 今日(きよう)の日(ひ)
　　　　　　　　　　　　　　　　　を。

기원절

1 천대만대에 걸쳐　　　흔들림 없이
　나라의 근간을　　　　세우셨네
　드높은 위광을　　　　우러러보며
　축하하라 모든 이여　　오늘 이 날을

2 천지간에　　　　　　구분없이
　천황의 권세　　　　정해졌네
　멀고 먼 그 옛날을　사모하면서
　축하하라 모든 이여　오늘 이 날을

天長節(てんちょうせつ)

今日(きよう)の吉(よ)き日(ひ)は
うまれたまひ(い)し
今日(きよう)の吉(よ)き日(ひ)は
さし出(で)たまひ(い)し
ひかり遍(あま)ねき
いはへ(わえ)諸人(もろびと)
めぐみ遍(あま)ねき
いはへ(わえ)諸人(もろびと)

大君(おうぎみ)の、
吉(よ)き日(ひ)なり。
御(み)ひかりの、
吉(よ)き日(ひ)なり。
君(きみ)が代(よ)を、
もろともに。
君(きみ)が代(よ)を、
もろともに。

천장절

오늘같이 좋은 날은　　천황폐하가
이 세상에 탄생하신　　좋은 날이라
오늘같이 좋은 날은　　서광이
비추기 시작하는　　　좋은 날이라

온누리에 비치는　　　천황 치세를
경축하라 모든 이여　　모두 다함께
온누리에 미친 은혜　　천황 치세를
경축하라 모든 이여　　모두 다함께

勅語奉答(ちょくごほうとう)

あな、たふ(とう)としな、
　　　　大勅語(おうみこと)。
みことの趣旨(むね)を
　　　　心(こゝろ)に彫(え)りて。
露(つゆ)もそむかじ、
　　　　朝夕(あさゆう)に。
あな、たふ(とう)としな、
　　　　大勅語(おうみこと)。

(新編教育唱歌集)

칙어봉답

아- 소중하여라
　　　　　대칙어
말씀하신 취지를
　　　　　마음에 새기고
조금도 어기지 않으리라
　　　　　언제나
아- 존엄하여라
　　　　　대칙어

　　　　　　　(신편교육창가집)

卒業式(そつぎようしき)

一、 朝夕(あさゆう)倦(う)まず勵(はげ)みたりし、
　　しるしは花(はな)と咲(さ)き出(い)でたり。
　　めでたき今日(きよう)のよろこびを、
　　我等(われら)も共(とも)に祝ひ(いわい)まつる。

　　　　　　　　　　　　　　　　(送別)

二、 みめぐみ深(ふか)き師(し)のみを(お)しへ(え)、
　　心(こゝろ)に彫(え)りて身(み)をば立(た)てん。
　　年月(としつき)長(なが)く睦(むつ)びし友(とも)、
　　よしみはいかで忘(わす)らるべき。

　　　　　　　　　　　　　　　　(告別)

三、 とまるも去(さ)るも、ひとしく皆(みな)、
　　同(おな)じき庭(にわ)のまなびの友(とも)。
　　いざいざ共(とも)に聲(こえ)を合は(あわ)せ、
　　祝は(いわわ)ん祝へ(いわえ)、今日(きよう)のよき日(ひ)。

　　　　　　　　　　　　　　　　(合唱)

졸업식

1 언제나 끊임없이 갈고 닦아서
　마침내 꽃으로 피어났다네
　경사스런 오늘의 기쁜 마음을
　우리들도 다함께 축하해 드리리
　　　　　　　　　　　　(송별)

2 은혜롭고 깊은 스승의 가르침
　마음속에 새겨서 뜻을 이루리라
　오랜 세월 사귀었던 정든 친구들
　마음에 새긴 정 어찌 잊으리
　　　　　　　　　　　　(고별)

3 떠나는 이도 머무는 이도 다같이 모두
　함께한 교정에서 배움의 벗
　자 이제 다함께 목소리 맞춰
　축하하자 축하해 오늘의 기쁨을
　　　　　　　　　　　　(합창)

一、春(はる)が来(き)た

一、春(はる)が來(き)た、春(はる)が來(き)た、どこに來(き)た。
　　山(やま)に來(き)た、里(さと)に來(き)た、
　　　　野(の)にも來(き)た。

二、花(はな)が咲(さ)く、花(はな)が咲(さ)く、どこに咲(さ)く。
　　山(やま)に咲(さ)く、里(さと)に咲(さ)く、
　　　　野(の)にも咲(さ)く。

三、鳥(とり)が鳴(な)く、鳥(とり)が鳴(な)く、どこで鳴(な)く。
　　山(やま)で鳴(な)く、里(さと)で鳴(な)く、
　　　　野(の)でも鳴(な)く。

1. 봄이 왔네

1 봄이 왔네 봄이 왔어 어디에 왔니?
   산에 왔어 마을에 왔어
        들에도 왔네

2 꽃이 피네 꽃이 피어 어디에 피니?
   산에 피고 마을에 피고
        들에도 피네

3 새가 우네 새가 울어 어디서 우니?
   산에서 우네 마을에서 우네
        들에서도 우네

二、鴨綠江(おうりよつこう)

一、白頭山(はくとうさん)から　　　わきでて西(にし)え、
　　山々(やまやま)谷々(たにだに)　　けわしい中(なか)を
　　はるばる流(なが)れて、　　　　二百里(にひやくり)あまり、
　　日本(につぽん)第一(だいいち)、　あ、鴨綠江(おうりよつこう)。

二、楚山(そざん)昌城(しようじよう)　義州(ぎしう)を始(はじ)め、
　　都邑(とゆう)のかずかず　　　　この川(かわ)にそう。
　　日清(につしん)日露(にちろ)の　　戰(いくさ)のあった
　　名高(なだか)いところも　　　　この川(かわ)の岸(きし)。

三、三千(さんぜん)餘尺(よしやく)の　開閉橋(かいへいきよう)を
　　渡(わた)れば、下(した)には　　水(みず)青々(あおあお)と、
　　大船(おうふね)小舟(こぶね)や　　いかだも浮(うか)ぶ。
　　日本(につぽん)第一(だいいち)、　あ、鴨綠江(おうりよつこう)。

2. 압록강

1 백두산에서　　　　시작되어 서쪽으로
　많은 산들과 계곡　험한 곳을
　멀리 멀리 흘러　　2백리 남짓
　아- 일본 제일의　압록강

2 초산 창성　　　　의주를 비롯
　수많은 도읍들도　이 강줄기 따라
　청일, 러일　　　전쟁의 격전지로
　유명한 곳도　　　이 강기슭

3 3천여 척의　　　　개폐교(開閉橋)를
　건너니, 아래로는　푸르디 푸른 강물에
　큰 배 작은 배와　뗏목도 떠다닌다
　아- 일본 제일의　압록강

三、雲雀(ひばり)

一、ぴいぴいぴいとさえずる雲雀(ひばり)、
　　囀(さえず)りながら何處(どこ)まであがる、
　高(たか)い高(たか)い雲(くも)の上(うえ)か。
　　聲(こえ)は聞(きこ)えて見(み)えない雲雀(ひばり)。

二、ぴいぴいぴいとさえずる雲雀(ひばり)、
　　囀(さえず)りやんで何處(どこ)らえ落(お)ちた、
　青(あお)い青(あお)い麥(むぎ)の中(なか)か。
　　姿(すがた)かくれて見(み)えない雲雀(ひばり)。

3. 종달새

1 종 종 종 지저귀는 종달새
　　지저귀면서 어디까지 올라가나
　높고 높은 구름 위일까?
　　소리는 들려도 보이지 않는 종달새

2 종 종 종 지저귀는 종달새
　　울음을 멈추고 어디에 앉았나
　푸르고 푸른 보리밭일까?
　　모습은 감추고 보이지 않는 종달새

四、二宮金次郎(にのみやきんじろう)

一、柴(しば)刈(か)り繩(ない¹)ない草鞋(わらじ)をつくり、
　　親(おや)の手(て)を助(す)け弟(おとと)を世話(せわ)し、
　　兄弟(きようだい)仲(なか)よく孝行(こうこう)つくす、
　　手本(てほん)は二宮金次郎(にのみやきんじろう)。

二、骨身(ほねみ)を惜(おし)まず仕事(しごと)をはげみ、
　　夜(よ)なべすまして手習(てならい)讀書(とくしよ)、
　　せわしい中(なか)にもたゆまず學(まな)ぶ、
　　手本(てほん)は二宮金次郎(にのみやきんじろう)。

三、家業(かぎよう)大事(だいじ)に費(ついえ)をはぶき、
　　少(すこ)しの物(もの)をも粗末(そまつ)にせずに、
　　遂(つい)には身(み)を立(た)て人(ひと)をもすくう、
　　手本(てほん)は二宮金次郎(にのみやきんじろう)。

1 'なわ'의 오자로 추정됨. 악보의 가사에는 'なわ'로 되어있음.

4. 니노미야 긴지로

1 땔나무하고 새끼를 꼬고 짚신을 삼아
　　부모 일손 거들며 동생을 돌보며
　형제가 사이좋게 효행을 다하는
　　모범은 니노미야 긴지로

2 고생을 마다않고 일하는 데 힘쓰고
　　밤일을 끝내고 습자와 독서를
　바쁜 중에도 꾸준히 공부하는
　　모범은 니노미야 긴지로

3 가업을 중히 하고 낭비를 줄여
　　사소한 것이라도 소중히 여겨
　마침내 출세하여 백성까지 구제하는
　　모범은 니노미야 긴지로

五、燕(つばめ)

一、兄(あに)なる怒夫(のるぶ)は無慈悲(むじひ)もの、
　　おとうと興夫(ふんぶ)はやさしい男(おとこ)、
　　家財(かざい)みな兄(あに)がとり、
　　おとうと親子(おやこ)は貧(まず)しう暮(くら)す。

二、やさしい興夫(ふんぶ)に燕(つばめ)の子(こ)、
　　助(たす)けてもらった報(むく)いの瓢(ひさご)、
　　ざっくりとわったれば、
　　錢(ぜに)米(こめ)わき出(だ)し、家(いえ)さえできた。

三、無慈悲(むじひ)な怒夫(のるぶ)に燕(つばめ)の子(こ)、
　　あしうち折(お)られた報(むく)いの瓢(ひさご)、
　　ざっくりとわったれば、
　　惡魔(あくま)に出(で)られて、辛(から)い目(め)を見(み)た。

5. 제비

1 형 놀부는 무자비한 사람
　　동생 흥부는 착한 남자
　　가산은 모두 형이 차지하고
　동생 가족은 가난하게 살아가네

2 착한 흥부를 만난 어린 제비
　　구해 준 보답의 조롱박
　　쫙 쪼갰더니
　금 은 보화 쏟아지고 집도 생겼네

3 무자비한 놀부를 만난 어린 제비
　　다리 부러뜨린 댓가의 조롱박
　　쫙 쪼갰더니
　악마가 나와서 혼쭐 났다네

六、あさがお

一、毎朝(まいあさ)毎朝(まいあさ)
　　　咲(さ)くあさがおは、
　おとといきのうと
　　　だんだんふえて、
　今朝(けさ)は白(しろ)四(よ)つ、
　　　むらさき五(いつ)つ。

二、大(おう)きな蕾(つぼみ)は
　　　明日(あす)咲(さ)く花(はな)か。
　小(ちい)さなつぼみは
　　　あさって咲(さ)くか。
　早(はや)く咲(さ)け咲(さ)け、
　　　しぼりや赤(あか)も。

6. 나팔꽃

1 매일 아침마다
　　　　피는 나팔꽃은
　그저께도 어저께도
　　　　점점 늘어나
　오늘 아침 하양 네 개
　　　　보라 다섯 개

2 커다란 봉오리는
　　　　내일 필 꽃인가
　조그만 봉오리는
　　　　모레 피려나
　어서 피어라 피어
　　　　얼룩무늬도 빨강도

七、鶴(つる)

一、朝日(あさひ)の光(ひかり)かすかにさせば、
　　　　ねぐらの森(もり)を早(は)や起(お)き出(い)でて、
　　羽(は)ばたきゆるく大空(おうぞら)かける、
　　　　かくて長(なが)いきするのは鶴(つる)よ。

二、綠(みどり)かわらぬ老松(おいまつ)がえに、
　　　　心(こゝろ)しずかにつばさをおさめ、
　　治(おさ)まるみよの樂(たの)しき今日(きょう)を、
　　　　千(ち)よ八千(やち)よにと祝(いお)うは鶴(つる)よ。

(尋常小學唱歌)

7. 학

1 아침 햇살이 희미하게 비치면
   숲속 둥지를 서둘러 일어나와
  날갯짓도 우아하게 하늘을 나는
   아- 장수하는 학이라네

2 사철 푸르른 노송(老松) 가지에
   차분하게 날개를 접어
  다스리는 천황의 태평성대를
   영원무궁토록 축하하는 학이라네

         (심상소학창가)

八、京城(けいじよう)

一、白岳(はくがく)南山(なんざん)　むかい立(た)つ
　　中(なか)ににぎおう　京城(けいじよう)は、
　　二十五萬(にじうごまん)の　人(ひと)住(す)んで、
　　我(わ)が總督府(そうとくふ)　あるところ。

二、漢陽公園(かんようこうえん)　倭城臺(わじようだい)、
　　登(のぼ)って見(み)よや、　軒(のき)並(なら)ぶ
　　大路(おうみち)小路(こみち)、　漢江(かんこう)に
　　浮(うか)む白帆(しらほ)も　たゞ一目(ひとめ)。

三、宮殿(きうでん)樓門(ろうもん)　諸(しよ)官廳(かんちよう)、
　　いらかの波(なみ)は　日(ひ)に映(は)えて、
　　銀行(ぎんこう)會社(かいしや)、さまざまの
　　大建物(おうたてもの)も　美(うつく)しや。

8. 경성

1 백악 남산이 마주 선
　　가운데에 번화한 경성은
　인구 25만 명이 살고 있는
　　우리 총독부가 있는 곳

2 한양공원 왜성대2
　　올라가 보니 집들이 늘어선
　큰 길 작은 길, 한강에
　　떠 있는 하얀 돛배도 바로 한눈에

3 궁궐 누문(樓門) 수많은 관청
　　용마루의 물결은 햇빛에 빛나고
　은행 회사 다양한
　　큰 건물도 아름다워라

2 **왜성대(倭城臺)**: 중구 예장동·회현동 1가에 걸쳐 있는 지역으로 조선 시대에 군사들이 무예를 연습하던 훈련장을 말하던 무예장이 있던 곳이었다. 무예장을 줄여 예장 혹은 예장골이라 불리다가 임진왜란 때 왜군들의 주둔지로 사용되면서 왜장, 왜장터, 왜성대라고 불렸고, 이후 1885년 도성내에 일본인 거주가 허용되어 일본인이 정착해 살면서 왜성대로 불리며 일본공사관과 통감부 청사를 설치한 곳이다.

四、電車(でんしや)自動車(じどうしや)、馬車(ばしや)人車(じんしや)、
　　　電燈(でんとう)瓦斯(がす)に　上水道(じようすいどう)、
　　電話(でんわ)せわしく、日(ひ)に夜(よる)に、
　　　人(ひと)の往來(ゆきき)も　たえまなや。

五、こゝより通(かよ)う　鐵道(てつどう)は、
　　　京釜(けいふ)京元(けいげん)　京義線(けいぎせん)、
　　交通(こうつう)の便(べん)　そなわりて、
　　　朝鮮一(ちようせんいち)の　大都會(だいとかい)。

4 전차 자동차 마차 인력거
　　전등 가스 상수도
　전화도 빈번하고 밤낮으로
　　사람의 왕래도 끊임없구나

5 여기서 출발하는 철도는
　　경부 경원 경의선
　교통의 편의 갖추어진
　　조선 제일의 큰 도시

九、取入(とりい)れ

一、春(はる)のたがやしすきならし、
　　夏(なつ)の植付(うえつけ)田草(たぐさ)取(とり)、
　　　ほねみおしまぬ働(はたらき)に
　　　　ほにほがさいた稻(いね)のでき。
　　　　　豐年(ほうねん)じゃ滿作(まんさく)じゃ。

二、ひよりつづきの昨日(きのう)今日(きょう)、
　　　そろうた親子(おやこ)兄(あに)弟(おとと)。
　　　刈(か)ってたばねてほしてこく。
　　　　見(み)る間(ま)に積(つも)る籾(もみ)の山(やま)。
　　　　　豐年(ほうねん)じゃ滿作(まんさく)じゃ。

三、あぜの小路(こみち)の一休(ひとやすみ)、
　　　はなしのたねは俵(たわら)數(かず)。
　　　　やがてめでたく積上(つみあ)げる
　　　　取入(とりい)れ時(どき)の樂(たの)しさよ。
　　　　　豐年(ほうねん)じゃ滿作(まんさく)じゃ。

9. 추수

1 봄에 땅을 일구고 골라서
　여름에 모내기하고 잡초를 뽑아
　　노고를 아끼지 않고 일하여
　　　이삭에 이삭이 필 정도로 잘 된 벼농사
　　　　풍년이구나 풍작이구나

2 쾌청한 가을 날씨 계속된 어제 오늘
　부모형제 모두 모였네
　　베고 볏단을 묶어 말리고 탈곡하네
　　　순식간에 쌓인 낱알 더미
　　　　풍년이구나 풍작이구나

3 좁은 논두렁길에서 한숨 돌리네
　이야깃거리는 볏가마 숫자
　　이윽고 경사스럽게 쌓여가는
　　　가을걷이의 즐거움이여
　　　　풍년이구나 풍작이구나

一〇、菊(きく)

一、秋(あき)の日(ひ)かげに
　　　かゞやきて、
　　色香(いろか)けだかき
　　　　　菊(きく)の花(はな)。
　これぞまことに
　　　　花中(かちう)の君子(くんし)。

二、種(たね)をつたえて、
　　　　外(と)つ國(くに)の
　　人(ひと)もとうとむ
　　　　　菊(きく)の花(はな)。
　げにも道理(どうり)よ、
　　　みかどの御紋(ごもん)。

10. 국화

1 가을 햇살에
　　　빛나는
　빛깔 향기 고귀한
　　　　국화꽃
　이야말로 진정
　　　꽃 중의 군자로세

2 씨앗을 전파하니
　　　다른 나라의
　사람들도 숭경하네
　　　　국화꽃
　참된 이치로세
　　　천황가의 문장(紋章)

一一、運動會(うんどうかい)

一、待(ま)ち得(え)し今日(きょう)の　うれしさに、
　　心(こころ)もかろく、　身(み)もかろく、
　　大旗(おうはた)小旗(こはた)　ひるがえす、
　　　風(かぜ)も勇(いさ)まし、　運動會(うんどうかい)。

二、かけよ走(はし)れよ、　眞先(まつさき)に、
　　ひけや大綱(おうづな)、　もろともに、
　　勝(か)って唱(との)うる　萬歳(ばんざい)の
　　　聲(こえ)も勇(いさ)まし、　運動會(うんどうかい)。

三、學(まなび)の業(わざ)の　ひまひまに、
　　日頃(ひごろ)きたえし　腕(うで)と足(あし)、
　　力(ちから)のかぎり　ためしみて、
　　　嬉(うれ)し勇(いさ)まし、　運動會(うんどうかい)。

11. 운동회

1 기다리고 기다리던 오늘의   즐거움에
　　　마음도 가볍고   몸도 가볍게
　　큰 깃발 작은 깃발   펄럭인다
　　　　바람도 활기찬   운동회

2 뛰어라 달려라   맨 앞으로
　　　당겨라 밧줄을   모두 다함께
　　승리하여 외치는   만세
　　　　소리도 활기찬   운동회

3 배우고 익히며   틈나는 대로
　　　평소에 단련해 온   팔과 다리로
　　온 힘 다하여   겨루어 보세
　　　　기쁘고 활기찬   운동회

一二、秋(あき)の山(やま)

一、 われらの好(この)む　　　　秋(あき)きたれり。
　　 草鞋(わらじ)踏(ふ)みしめ、　山(やま)に登(のぼ)る。
　　 紅葉(もみじ)うつくし、　　峰(みね)も谷(たに)も。
　　 白雲(しらくも)わき立(た)つ、足(あし)のもとに。

二、 樂(たの)しげなるよ、　　　鳥(とり)のなく音(ね)。
　　 遠(とお)くひゞくよ、　　　谷(たに)のながれ。
　　 木(こ)の間(ま)をわけて、　きのことらん。
　　 栗(くり)の實(み)ひろいて、みやげとせん。

(高等小學唱歌)

12. 가을산

1 우리들이 좋아하는 가을이 왔네
  짚신을 조여매고 산에 오른다
  단풍 아름다워라 봉우리도 골짜기도
  흰 구름 피어오르네 발 아래로

2 즐겁게 들려오네 새 우는 소리
  멀리 울려퍼지네 골짜기 물소리
  나무 사이를 헤치고 버섯을 따야지
  알밤을 주워서 선물해야지

(고등소학창가)

一三、釜山港(ふさんこう)

一、大船(おうふね)小船(こぶね)出(いで)入(い)りて、
　　汽車(きしや)の響(ひゞき)も絶(た)えまなく、
　　　こゝぞ内地(ないち)に連絡(れんらく)の
　　　東亞(とうあ)の關門(かんもん)釜山港(ふさんこう)。

二、長(なが)い棧橋(さんばし)大波止場(おうはとば)、
　　沖(おき)にたなびく黒煙(くろけむり)、
　　　貨物(かぶつ)乗客(じようかく)數(かず)知(し)れず、
　　　商業(しようぎよう)榮(さか)える釜山港(ふさんこう)。

三、岸(きし)に高(たか)きは龍頭山(りうとうさん)、
　　沖(おき)に見(み)えるは絶影島(ぜつえいとう)、
　　　波(なみ)おだやかに水(みず)深(ふか)く、
　　　ながめもよしや釜山港(ふさんこう)。

13. 부산항

1 큰 배, 작은 배가 드나들고
  기차소리 끊이지 않는
    여기야말로 내지(內地)로 연결되는
    동아시아의 관문 부산항

2 길다란 잔교의 넓은 선창
  먼 바다에 나부끼는 검은 연기
    화물 승객 헤아릴 수 없고
    상업이 번창하는 부산항

3 해안가 높은 곳에 용두산
  멀리 보이는 것은 절영도
    파도는 잔잔한 데 수심은 깊어
    조망도 좋구나 부산항

一四、師(し)の恩(おん)

一、年月(としつき)ながく、　　われわれに
　　人(ひと)たる道(みち)を　　知(し)らせんと、
　　物言(ものい)うことも　　　筆(ふで)とるわざも
　　手(て)をとるように　　　　教(おし)えらる。

二、ああ、ありがたき　　　學校(がっこう)や、
　　ああ、ありがたき　　　師(し)の恩(おん)や、
　　めぐみはふかく、　　　教(おしえ)はひろし。
　　忘(わす)れてなどか　　よかるべき。

三、み教(おしえ)しのぶ　　ときごとに、
　　みめぐみ思(おも)う　　おりごとに、
　　わがこと勵(はげ)み、　わがわざ勉(つと)め
　　わが師(し)の君(きみ)に　報(むく)いなん。

14. 스승의 은혜

1 오랫동안 긴 세월 　　우리들에게
　사람답게 사는 길을 　알려주시려고
　말하는 법도 연필 　　잡는 방법도
　하나 하나 알기 쉽게 　가르쳐주시네

2 아- 고마워라 　　　　학교여
　아- 고마워라 　　　　스승의 은혜
　은혜는 깊고 　　　　　가르침은 넓어라
　어찌 잊을쏘냐 　　　　우리의 학창시절

3 스승의 가르침이 그리울 때마다
　스승의 은혜가 생각날 　때마다
　스스로 분발하여 　　　힘써 이루어
　스승의 은혜에 　　　　보답해 보세

一五、おもいやり

一、よその悲(かな)しみ苦(くる)しみを
　　　わが身(み)の上(うえ)にひきくらべ
　　あわれと思(おも)う心(こゝろ)こそ、
　　　人(ひと)の尊(とうと)き故(ゆえ)と知(し)れ。

二、わが身(み)ばかりを思(おも)わずに、
　　　人(ひと)の身(み)の上(うえ)思(おも)いやれ。
　　氣(き)まゝにひとり振舞(ふりま)わば、
　　　情(なさけ)知(し)らずとそしられん。

15. 배려

1 이웃의 슬픔 괴로움을
　　자신의 처지에 견주어
　가엾이 여기는 마음이야말로
　　인간 존엄함의 까닭임을 알라

2 자신의 처지만을 생각지 말고
　　타인의 입장도 배려하시오
　혼자서 제멋대로 행동하면은
　　인정머리 없다고 비난 받으리

一六、雪(ゆき)の朝(あした)

一、一度(いちど)に花(はな)咲(さ)く枯野(かれの)の草葉(くさば)、
　いずこも春(はる)めく冬木(ふゆぎ)の櫻(さくら)。
　　うつくし、雪(ゆき)降(ふ)るけしき、
　　おもしろ、朝(あした)のながめ。

二、緑(みどり)も隠(かく)るゝ園生(そのう)の松葉(まつば)、
　姿(すがた)も埋(うも)るゝ垣根(かきね)の笹葉(さゝば)。
　　暮(くれ)まで降(ふ)れ降(ふ)れ、雪(ゆき)よ。
　　明日(あす)まで積(つ)め積(つ)め、雪(ゆき)よ。

16. 눈 오는 아침

1 일제히 꽃이 피네 메마른 들판의 눈꽃
　도처에 봄기운을 띤 겨울의 벚꽃나무
　　아름다워라 눈 내리는 정경
　　즐거워라 아침의 정취

2 푸르름도 숨겨졌네 정원의 솔잎
　모습도 덮히였네 울타리 조릿대잎
　　저물 때까지 내려라 내려 눈이여
　　내일까지 쌓여라 쌓여 눈이여

一七、女子(じよし)の務(つとめ)

一、朝(あさ)な夕(ゆう)なにうまず働(はたら)き、
　　花(はな)の衣(ころも)もあだには着(つ)けず、
　　　洗濯(せんたく)裁縫(さいほう)休(やす)む間(ま)もなく、
　　　　女子(じよし)の務(つとめ)はいそがしや。

二、逆(さか)らわぬをば心(こゝろ)のおきて、
　　温良(おんりよう)の徳(とく)よく身(み)にそなえ、
　　　親(おや)におっとに誠(まこと)をつくす、
　　　　女子(じよし)の務(つとめ)はうつくしや。

三、世(よ)にも名高(なだか)い賢母(けんぼ)の教(おしえ)、
　　かたく守(まも)って、子供(こども)を育(そだ)て、
　　　費(ついえ)をはぶき、家(いえ)とゝのえる、
　　　　女子(じよし)の務(つとめ)はとうとしや。

17. 여자의 본분

1 아침 저녁으로 지칠 줄 모르고 일하며
　고운 옷도 차려 입지 않고
　　세탁과 재봉으로 쉴 새도 없이
　　　여자의 본분은 다망하여라

2 순종함을 마음가짐으로
　순량의 덕 바르게 몸에 갖추어
　　부모님과 지아비에게 성심을 다하는
　　　여자의 본분은 아름다워라

3 참으로 드높은 현모의 가르침
　철저히 지켜서 자녀를 양육하고
　　씀씀이를 줄이고 집안을 바로잡는
　　　여자의 본분은 소중하여라

大正九年三月二十日印刷
大正九年三月二十□日發行

印刷所　凸版印刷株式會社
　　　　東京市下谷區二長町一番地

印刷者　井上源之丞
　　　　凸版印刷株式會社代表者
　　　　東京市下谷區二長町一番地

朝鮮總督府

定價　金十二錢

일제강점기 조선총독부 편찬
초등학교 〈唱歌〉 교과서 대조번역 (上)

『普通學校唱歌書』

第四學年用

朝鮮總督府編纂

普通學校唱歌書

第四學年用

緒　言

一　本書ハ普通學校第四學年ノ唱歌科敎科書ニ充ツルモノナリ。

二　本書ヲ敎授スルニ方リテハ、適宜敎材ノ順序ヲ變更シ、又ハ他學年トノ間ニ敎材ヲ相互ニ變更スルモ妨ナシ。

三　儀式ニ關スル唱歌ハ生徒ノ進步ヲ計リテ敎授スベシ。

四　敎師ハ歌フコトヲ授クル前、必ズ歌詞ノ大意ヲ敎フベシ。

五　本書歌詞ノ假名遣ハ全部歷史的假名遣ニ依レリ。但シ振假名ハ總ベテ表音的假名遣トセリ。

大正九年一月

朝　鮮　總　督　府

서언

1. 본서는 보통학교(현재의 초등학교) 제 4학년 창가 수업용 도서로 사용하게 한 것임.
2. 본서를 교육하는데 있어서, 교재의 순서를 적절하게 바꾸거나 다른 학년과의 사이에 교재를 상호 변경하는 것도 무방함.
3. 〈의식창가〉는 학생의 발달 상황을 고려하여 가르칠것.
4. 교사는 노래하는 것을 가르치기 전에, 반드시 가사(歌詞)의 의미를 가르칠 것.
5. 본서에서 가사(歌詞)의 가나(仮名)표기는 전부 역사적가나(歷史的仮名) 표기를 사용하였다. 그러나 독음은 모두 표음적가나 표기를 사용하였음.

1920년 1월

조 선 총 독 부

「普通學校唱歌書」第四學年用
『보통학교창가서』 제4학년용

目次(목차)

儀式ニ關スル唱歌
의식창가

　　　　君(きみ)がよ ·· 280
　　　　기미가요 ·· 281
　　　　一月一日(いちがついちじつ) ····················· 282
　　　　1월 1일(설날) ·· 283
　　　　紀元節(きげんせつ) ···································· 284
　　　　기원절 ·· 285
　　　　天長節(てんちようせつ) ······························ 286
　　　　천장절 ·· 287
　　　　勅語奉答(ちよくごほうとう) ······················· 288
　　　　칙어봉답 ··· 289
　　　　卒業式(そつぎようしき) ······························ 290
　　　　졸업식 ·· 291
一　　　明治天皇御製(めいぢてんのうぎよせい) ····· 292
　　　　메이지 천황 지음 ····································· 293
二　　　みがかずば ··· 294
　　　　갈고 닦지 않으면 ···································· 295
三　　　養蠶(ようさん) ··· 296
　　　　양잠 ··· 297
四　　　日本(にほん)の國(くに) ···························· 298
　　　　일본 ··· 299
五　　　開校記念日(かいこうきねんび) ·················· 300
　　　　개교기념일 ··· 301
六　　　水師營(すいしえい)の會見(かいけん) ······· 302
　　　　수사영의 회견 ·· 303
七　　　職業(しよくぎよう) ··································· 308
　　　　직업 ··· 309

八	つとめてやまず	310
	끊임없이 노력하며	311
九	かぞへ歌(うた)	312
	숫자 노래	313
一〇	鄭民赫(ていみんかく)	318
	정민혁	319
一一	勤儉(きんけん)	320
	근검	321
一二	金剛山(こんごうさん)	322
	금강산	323
一三	日本海海戰(にほんかいかいせん)	326
	일본해해전	327
一四	冬景色(ふゆげしき)	330
	겨울풍경	331
一五	金剛石(こんごうせき) 水(みず)は器(うつわ)	332
	금강석, 물은 그릇 나름	333
一六	正直(しようじき)	334
	정직	335
一七	婦德(ふとく)	336
	부덕	337

君(きみ)がよ

君(きみ)がよは
　　ちよにやちよに
　　　　さざれいしの
　　いはほ(わお)となりて
　　　こけのむすまで

기미가요

천황의 성대는
　천대만대에 걸쳐
　　조약돌이
바위가 되고
　이끼가 낄 때까지

一月一日(いちがついちじつ)

一、 年(とし)のはじめの　　　　例(ためし)とて、
　　終(おわ)りなき世(よ)の　　めでたさを、
　　松竹(まつたけ)立(た)てて　門(かど)ごとに、
　　いはふ(おう)今日(きよう)こそ　たのしけれ。

二、 初日(はつひ)のひかり　　　さしいでて、
　　四方(よも)にかがやく　　　今朝(けさ)のそら、
　　君(きみ)がみかげに　　　　比へ(たぐえ)つつ、
　　仰(あお)ぎ見(み)るこそ　　たふ(とう)とけれ。

1월 1일(설날)

1 한해 시작하는 　　징표
　무궁한 치세의 　　경사를
　가도마쓰 세우네 　집집마다
　축하하는 오늘이야 　즐겨나 보세

2 새해 아침 햇살 　　내리비치고
　천지에 빛나는 　　새해 아침 하늘
　폐하의 은덕에 　　비할 바 없네
　우러러 볼 수록 　　거룩하여라

紀元節(きげんせつ)

一、千代(ちよ)に八千代(やちよ)に　　ゆるぎなき、
　　國(くに)の御(み)はしら　　　　　立(た)てましし、
　　高(たか)き御(み)いつを　　　　　仰(あお)ぎつつ、
　　祝へ(いわえ)もろ人(びと)　　　　今日(きよう)の日(ひ)を。

二、天(あめ)と地(つち)との　　　　　きは(わ)みなき、
　　君(きみ)の御位(みくらい)　　　　定(さだ)まりし、
　　遠(とう)き昔(むかし)を　　　　　しのびつつ、
　　祝へ(いわえ)もろ人(びと)　　　　今日(きよう)の日(ひ)を。

기원절

1 천대만대에 걸쳐   흔들림 없이
　나라의 근간을   세우셨네
　드높은 위광을   우러러보며
　축하하라 모든 이여   오늘 이 날을

2 천지간에   구분없이
　천황의 권세   정해졌네
　멀고 먼 그 옛날을   사모하면서
　축하하라 모든 이여   오늘 이 날을

天長節(てんちようせつ)

今日(きよう)の吉(よ)き日(ひ)は
うまれたまひ(い)し
今日(きよう)の吉(よ)き日(ひ)は
さし出(で)たまひし
ひかり遍(あま)ねき
いはへ(わえ)諸人(もろびと)
めぐみ遍(あま)ねき
いはへ(わえ)諸人(もろびと)

大君(おうぎみ)の
吉(よ)き日(ひ)なり。
御(み)ひかりの
吉(よ)き日(ひ)なり。
君(きみ)が代(よ)を
もろともに。
君(きみ)が代(よ)を
もろともに。

천장절

오늘같이 좋은 날은　　천황폐하가
이 세상에 탄생하신　　좋은 날이라
오늘같이 좋은 날은　　서광이
비추기 시작하는　　　좋은 날이라

온누리에 비치는　　　천황 치세를
경축하라 모든 이여　　모두 다함께
온누리에 미친 은혜　　천황 치세를
경축하라 모든 이여　　모두 다함께

勅語奉答(ちょくごほうとう)

あな、たふ(とう)としな、
　　　　　大勅語(おうみこと)。
みことの趣旨(むね)を
　　　　　心(こゝろ)に彫(え)りて。
露(つゆ)もそむかじ、
　　　　　朝夕(あさゆう)に。
あな、たふ(とう)としな、
　　　　　大勅語(おうみこと)。

(新編教育唱歌集)

칙어봉답

아- 소중하여라
　　　　대칙어
말씀하신 취지를
　　　　마음에 새기고
조금도 어기지 않으리라
　　　　언제나
아- 존엄하여라
　　　　대칙어

(신편교육창가집)

卒業式(そつぎようしき)

一、朝夕(あさゆう)倦(う)まず勵(はげ)みたりし、
　　しるしは花(はな)と咲(さ)き出(い)でたり。
　めでたき今日(きよう)のよろこびを、
　　我等(われら)も共(とも)に祝ひ(いわい)まつる。

(送別)

二、みめぐみ深(ふか)き師(し)のみをしへ(え)、
　　心(こゝろ)に彫(え)りて身(み)をば立(た)てん。
　年月(としつき)長(なが)く睦(むつ)びし友(とも)、
　　よしみはいかで忘(わす)らるべき。

(告別)

三、とまるも去(さ)るも、ひとしく皆(みな)、
　　同(おな)じき庭(にわ)のまなびの友(とも)。
　いざいざ、共(とも)に聲(こえ)を合は(あわ)せ、
　　祝は(いわわ)ん祝へ(いわえ)、今日(きよう)のよき日(ひ)。

(合唱)

졸업식

1 언제나 끊임없이 갈고 닦아서
　　　끝내는 꽃으로 피어났다네
　경사스런 오늘의 기쁜 마음을
　　　우리들도 다함께 축하해 드리리
　　　　　　　　　　　　(송별)

2 은혜롭고 깊은 스승의 가르침
　　　마음속에 새겨서 뜻을 이루리라
　오랜 세월 사귀었던 정든 친구들
　　　마음에 새긴 정 어찌 잊으리
　　　　　　　　　　　　(고별)

3 떠나는 이도 머무는 이도 다같이 모두
　　　함께 한 교정에서 배움의 벗
　자 이제 다함께 목소리 맞춰
　　　축하하자 축하해 오늘의 기쁨을
　　　　　　　　　　　　(합창)

一、明治天皇御製(めいぢてんのうぎよせい)

一、物學(ものまな)ぶ道(みち)に立(た)つ子(こ)よ、おこたりに
　　　まされる仇(あた)はなしと知(し)らなん。

二、あやまちを諫(いさ)めかは(ワ)して親(した)しむが、
　　　まことの友(とも)のこゝろなるらん。

三、おのが身(み)はかへ(エ)り見(み)ずして人(ひと)のため
　　　つくすや人(ひと)のつとめなるらん。

1. 메이지 천황 지음

1 배움의 길로 들어선 아이여, 게으름보다
　　더한 적은 없다는 것을 알아야 할지니라

2 잘못을 서로 간언하며 교우함이
　　진정한 친구의 마음일지니라

3 내 한 몸 돌보지 않고 타인을 위해
　　진력함이 인간의 본분일지니라

二、みがかずば

みがかずば
玉(たま)もかがみも
なにかせん。
まなびの道(みち)も
かくこそありけれ。

2. 갈고 닦지 않으면

갈고 닦지 않으면
보석도 거울도
무엇에 쓸 것인가
배움의 길도
바로 여기에 있을지니

三、養蠶(ようさん)

一、蠶卵紙(たねがみ)おろし　　掃(は)き立(た)てて、
　　桑(くわ)の若葉(わかば)を　　食は(くわ)すれば、
　　見(み)えぬほどなる　　　　　幼蟲(ようちう)も、
　　　一日(ひとひ)一日(ひとひ)に　育(そだ)ちつゝ、
　　四(よ)たびの眠(ねむ)り　　　覺(さ)めて後(のち)、
　　　玉(たま)なす繭(まゆ)を　　造(つく)るなり。

二、桑(くわ)の若葉(わかば)の　　切(き)りきざみ、
　　　眠起(ねおき)のさまや　　　火(ひ)の加減(かげん)、
　　夜(よる)も眠(ねむ)らぬ　　　勤勞(きんろう)の、
　　　しるしは早(は)やも　　　　あらは(わ)れて、
　　桑(くわ)食ふ(くう)音(おと)の　止(や)みぬれば、
　　　蠶簿(まぶし)にかゝる　　　玉(たま)の繭(まゆ)。

三、世(よ)に生業(なりわい)は　　多(おう)かれど、
　　　げに樂(たの)しきは　　　　養蠶(ようさん)ぞ。
　　心(こゝろ)つくして　　　　　いそしめば、
　　　いそしむ甲斐(かい)の　　　あらは(わ)れて、
　　やがてはこれぞ　　　　　　　家(いえ)の富(とみ)、
　　　やがてはこれぞ　　　　　　國(くに)の富(とみ)。

3. 양잠

1 잠란지 내려서 채반에 쓸어모아
　　어린 뽕잎을 먹여 주면
보이지 않을 정도로 작은 애벌레도
　　나날이 나날이 자라면서
넉 잠 자고 나서 깨어난 뒤
　　번데기 든 누에고치를 만들었다네

2 어린 뽕잎을 잘게 썰고
　　자고 일어나는 보살핌이나 온도조절
밤에도 자지 않는 근로의
　　결과는 빠르게 나타나서
누에 먹는 소리가 멈추면
　　섶에 얹혀진 누에고치

3 세상에 직업은 많지만
　　실로 즐거운 것은 양잠이로세
정성을 다해 힘써 노력하면
　　애쓴 보람이 나타날지니
참으로 이것이로세 부유한 가문
　　참으로 이것이로세 부유한 국가

四、日本(にほん)の國(くに)

一、日本(にほん)の國(くに)は松(まつ)の國(くに)。
　　見上(みあ)げる峯(みね)の一(ひと)つ松(まつ)、
　　はまべはつゞく松原(まつばら)の
　　枝(えだ)ぶりすべておもしろや。
　　わけて名(な)におふ(う)松島(まつしま)の
　　大島(おうしま)小島(こじま)、その中(なか)を
　　通(かよ)ふ白帆(しらほ)の美(うつく)しや。

二、日本(にほん)の國(くに)は花(はな)の國(くに)。
　　梅(うめ)桃(もゝ)櫻(さくら)藤(ふじ)菖蒲(あやめ)、
　　白(しら)つゆむすぶ秋(あき)の野(の)の
　　ちぐさの花(はな)もおもしろや、
　　わけてさくらの吉野山(よしのやま)、
　　一目(ひとめ)千本(せんぼん)咲(さ)きみちて、
　　かすみか雲(くも)か美(うつく)しや。

4. 일본

1 일본이란 나라는 소나무 나라
　　우러르면 산봉우리에 소나무 한 그루
　　바닷가에 연이어진 소나무 숲의
　　가지 모양 모두가 멋스럽구나
　　그 중에서도 소문난 마쓰시마의
　　큰 섬과 작은 섬 사이 사이를
　　오가는 흰 돛단배 아름답도다

2 일본이란 나라는 꽃피는 나라
　　매화에 복사꽃 벚꽃 등꽃 창포꽃
　　하얀 이슬 맺힌 가을 들판의
　　갖가지 화초도 멋스럽구나
　　그 중에서도 벚꽃은 요시노산[2]
　　한눈에 들어오네 천 그루 만발하여
　　안개인 듯 구름인 듯 아름
　　답도다

1 **마쓰시마**(松島) : 미야기현(宮城県) 중부에 위치하고 있는 일본 삼경(日本三景)중 하나로, 마쓰시마구릉(松島丘陵)과 마쓰시마만(松島湾)의 다도해가 이루는 풍경이 유명한 관광지이다.
2 **요시노산**(吉野山) : 나라(奈良)지역에 있는 산으로 벚꽃의 명소이며 슈겐도(修驗道)의 본사 긴푸센지(金峯山寺)가 있다.

五、開校記念日(かいこうきねんび)

一、日毎(ひごと)に通(かよ)ふ學校(がつこう)の
　　ひらけし年(とし)の今日(きよう)の日(ひ)を、
　　來(く)る年(とし)ごとにかへ(え)りみて、
　　祝ふ(いおう)まとゐ(い)の樂(たの)しさよ。

二、記念(きねん)のその日(ひ)祝ふ(いおう)とて、
　　年々(としどし)こゝに集ひ(つどい)來(く)る
　　同(おな)じき窓(まど)の友(とも)だちの、
　　いよゝ數(かず)ますうれしさよ。

三、めでたき今日(きよう)の記念日(きねんび)の
　　百度(もゝたび)千度(ちたび)かへ(え)るまで、
　　礎(いしずえ)かたくゆるぎなく、
　　とは(わ)にさかゆけ、學校(がつこう)よ。

5. 개교기념일

1 날마다 다니는 학교가
　　개교했던 오늘 이 날을
　　　되풀이되는 해마다 되돌아보고
　　　　축하하는 모임의 즐거움이여!

2 기념의 그 날을 축하하려고
　　해마다 여기에 모여드는
　　　같은 반 동무들이여
　　　　더더욱 횟수가 늘어나는 기쁨이여!

3 경사스러운 오늘 기념일이
　　백 번 천 번 돌아올 때까지
　　　초석은 견고하여 흔들림없이
　　　　영원히 번창하라 학교여!

六、水師營(すいしえい)の會見(かいけん)

一、旅順開城約(りよじゆんかいじようやく)成(な)りて、
　　敵(てき)の將軍(しようぐん)ステッセル
　　　乃木大將(のぎたいしよう)と會見(かいけん)の
　　　　所(ところ)はいづ(ず)こ、水師營(すいしえい)

二、庭(にわ)に一本(ひともと)棗(なつめ)の木(き)、
　　彈丸(だんがん)あともいちじるく
　　　くづ(ず)れ殘(のこ)れる民屋(みんおく)に
　　　　今(いま)ぞ相見(あいみ)る、二將軍(にしようぐん)。

6. 수사영의 회견

1 여순개성규약3 성사되어
　　적장 스테셀4과
　　노기대장5의 회견
　　장소는 어디던가, 수사영이라네

2 정원에 한 그루 대추나무
　　탄환 흔적도 뚜렷하네
　　허물어진 민가에서
　　이제야 마주하는 두 장군

3 **여순개성규약**(旅順開城規約) : 러일전쟁 막바지인 1905년 1월 1일 여순 요새 수비군 사령관 스테셀이 군사를 파견하여 항복을 신청함에 따라, 다음날인 1월 2일 양국의 수장격인 러시아의 스테셀 중장과 일본의 노기 대장이 수사영에서 회견하고 상호 조인한 규약이다.
4 **스테셀**(Anatoliy Mikhaylovich Stessel, 1848~1915) : 여순의 수사영회담에서 일본의 노기 대장과 독대한 러시아 장군
5 **노기 마레스케**(乃木希典, 1849~1912) : 러일전쟁에서 활약한 일본의 육군대장이다. 청일전쟁에 보병 제1여단장으로 출정했으며, 1904년 러일전쟁 발발 당시는 휴직 중이었으나 바로 소집되어 같은 해 5월 제3군 사령관으로 여순 공격에 참여하여 마침내 러시아의 항복을 받아내는 쾌거를 이루었다. 1912년 자신을 신임하던 메이지 천황이 사망하자 장례일에 도쿄의 자택에서 부인과 함께 자결하였다. 러일전쟁 당시 연합함대 사령관이었던 도고 헤이하치로(東鄕平八郞)와 함께 '해군의 도고, 육군의 노기'라 불리울 만큼 유명한 군부의 지도자이다.

三、乃木大將(のぎたいしよう)は、おごそかに、
　　御(み)めぐみ深(ふか)き大君(おうぎみ)の
　　　大(おう)みことのり傳(つとう)れば、
　　　　彼(かれ)かしこみて謝(しや)しまつる。

四、昨日(きのう)の敵(てき)は今日(きよう)の友(とも)、
　　語(かた)ることばも打(う)ちとけて、
　　　我(われ)はたゝへ(え)つ、かの防備(ぼうび)。
　　　　かれは稱へ(たゝえ)つ、我(わ)が武勇(ぶゆう)。

五、かたち正(たゞ)して言ひ(いい)出(い)でぬ、
　　『此(こ)の方面(ほうめん)の戰鬪(せんとう)に
　　　二子(にし)を失ひ(うしない)給ひ(たまい)つる
　　　　閣下(かつか)の心(こゝろ)如何(いか)にぞ』と。

六、『二人(ふたり)の我(わ)が子(こ)それぞれに
　　死所(ししよ)を得(え)たるを喜(よろこ)べり。
　　　これぞ武門(ぶもん)の面目(めんぼく)』と、
　　　　大將(たいしよう)答(こたえ)力(ちから)あり。

3 노기 대장은 엄숙하게
　　은혜 깊은 천황의
　　　큰 뜻 담은 조서를 전하니
　　　　스테셀은 황송해서 감사하더라

4 어제의 적은 오늘의 친구
　　주고받는 말도 마음을 터놓고
　　　노기는 칭찬하네 러시아의 방어를
　　　　스테셀은 칭송하네 일본의 무용(武勇)을

5 자세를 가다듬고 말을 꺼내네
　　"이번 전투에서
　　　두 아들을 잃어버리신
　　　　각하의 마음이 어떠하시냐?"고

6 "나의 두 아들이 제각각
　　값진 죽음이어서 기쁘다
　　　이것이 바로 무가의 명예"라는
　　　　대장의 대답 힘이 넘치네

七、兩將(りようしよう)晝食(ひるげ)共(とも)にして、
　　なほ(お)も盡(つ)きせぬ物語(ものがたり)。
　　『我(われ)に愛(あい)する良馬(りようば)あり。
　　　今日(きよう)の記念(きねん)に獻(けん)ずべ
　　し。』

八、『厚意(こうい)謝(しや)するに餘(あま)りあり。
　　　軍(ぐん)のおきてにしたがひ(い)て
　　　　他日(たじつ)我(わ)が手(て)に受領(じゆりよう)
　　せば、
　　　　ながくいたは(わ)り養(やしな)はん。』

九、『さらば』と握手(あくしゆ)ねんごろに
　　　別(わか)れて行(ゆ)くや右左(みぎひだり)。
　　　砲音(つゝおと)絶(た)えし砲臺(ほうだい)に
　　　　ひらめき立(た)てり、日(ひ)の御旗(みはた)。

7 두 장군 점심을 함께 하고
　　아직 못다한 이야기
　　　"제게 아끼는 좋은 말(馬)이 있으니
　　　　오늘의 기념으로 드리겠소"

8 "과분한 호의에 감사합니다.
　　군의 규정에 따라
　　　후일 저에게 넘겨지면
　　　　오래도록 돌보고 기르겠소"

9 "잘 가시오" 정중하게 악수하고
　　좌우로 헤어져 가네
　　　포성이 멈춘 포대에
　　　　세워져 휘날리는 일장기

七、職業(しよくぎよう)

一、なすべき業(わざ)は人毎(ひとごと)に
　　おのづ(ず)からなる定(さだ)めあり。
　　一日(いちにち)勵(はげ)みはたらきて、
　　　やすらふ(ろう)夜(よ)こそ樂(たの)しけれ。

二、なすことなくて、一日(いちにち)を
　　すごすは人(ひと)の道(みち)ならず。
　　身(み)におふ(う)業(わざ)をつとめてぞ、
　　　世(よ)に生(うま)れたるかひ(い)あらん。

三、力(ちから)のかぎりはたらきて、
　　積(つ)みえし家(いえ)のさいはひ(わい)に、
　　樂(たの)しく月日(つきひ)おくりなば、
　　　心(こゝろ)はいかに清(きよ)からん。

7. 직업

1 해야만 할 일들은 사람마다
　　각자에게 주어진 운명 있다네
　온종일 애써 일하고
　　쉬는 밤이야말로 즐거워라

2 하는 일 없이 하루를
　　보내는 것은 사람의 도리 아니네
　타고난 일을 행함은
　　세상에 태어난 보람이리니

3 온 힘을 다해서 일하고
　　거듭된 집안의 행복에
　즐겁게 세월을 보내니
　　마음이 어찌 상쾌치 않을쏘냐

八、つとめてやまず

一、額(ひたい)に汗(あせ)してはたらくも、
　　　心(こゝろ)を碎(くだ)きていそしむも、
　　同(おな)じく御國(みくに)の爲(ため)にして、
　　　人(ひと)の道(みち)なり、務(つとめ)なり。

二、榮(さか)ゆく御國(みくに)の御民(みたみ)われ、
　　　あだには一日(ひとひ)も過(すご)さめや。
　　急(いそ)がずやすまず撓(たゆ)みなく、
　　　心(こゝろ)たのしく勵(はげ)みなん。

三、荒(すさ)むな國民(くにたみ)怠(おこた)るな、
　　　みづ(ず)から彊(つと)めて息(や)まざれと、
　　諭(さと)させ給(たま)ひしみことのり、
　　　肝(きも)にきざみて忘(わす)れめや。

8. 끊임없이 노력하며

1 이마에 땀 흘리며 일하는 것도
    마음을 애태우며 힘쓰는 것도
똑같이 나라를 위해서 하는
    인간의 도리이며 할 일이로다

2 번영하는 나라의 신민인 우리
    헛된 일로 하루라도 보낼 수 없네
서두름도 쉼도 없이 굽힘도 없이
    마음도 즐겁게 노력하여라

3 사나움도 태만도 안 돼 우리 백성아
    스스로 힘쓰며 멈추지 마라
깨우쳐 가르치신 천황의 말씀
    가슴에 새겨서 잊을 리 없네

九、かぞへ(え)歌(うた)

一(ひと)つとや、人々(ひとびと)忠義(ちうぎ)を第一(だいいち)に
　　あふ(お)げや高(たか)き君(きみ)の恩(おん)
　　國(くに)の恩(おん)。

二(ふた)つとや、二人(ふたり)のおや御(ご)を大切(たいせつ)に
　　思へ(おもえ)やふかき父(ちゝ)の愛(あい)　母(はゝ)の愛(あい)。

三(みつ)とや、みきは一(ひと)つの枝(えだ)と枝(えだ)
　　仲(なか)よく暮(くら)せよ兄弟(あにおとゝ)
　　姉妹(あねいもと)。

四(よつ)つとや、善(よ)き事(こと)たがひ(い)にすゝめあひ(い)
　　惡(あ)しきをいさめよ友(とも)と友(とも)　人(ひと)と人(ひと)。

9. 숫자 노래

하나하면, 한 사람 한 사람의 충의를 제일로
　　　　　우러르세 높은 천황의 은혜 나라의 은혜

둘하면,　　두 분 부모님을 소중하게
　　　　　새겨두세 깊은 아버지의 사랑 어머니의 사랑

셋하면,　　같은 뿌리에서 나온 줄기와 줄기
　　　　　사이좋게 살아보세 형제 자매여

넷하면,　　좋은 일은 서로 권하고
　　　　　나쁜 일은 충고하세 친구끼리 사람끼리

五(いつ)つとや、いつは(わ)りいは(わ)ぬが子供(こども)らの
　　　學(まな)びのはじめぞ愼(つゝし)めよ　いましめよ。

六(むつ)つとや、昔(むかし)を考へ(かんがえ)今(いま)を知(し)り
　　　學(まな)びの光(ひかり)を身(み)にそへ(え)よ　身(み)につけよ。

七(なゝ)つとや、難儀(なんぎ)をする人(ひと)見(み)るときは
　　　力(ちから)のかぎりいたは(わ)れよ　あは(わ)れめよ。

八(やつ)つとや、病(やまい)は口(くち)より入(い)るといふ。
　　　飲物(のみもの)食物(くいもの)氣(き)を附(つ)けよ　心(こゝろ)せよ。

다섯하면, 거짓말을 하지 않는 것이 아이들의
　　　　　배움의 시작이라 삼가하세 훈계하세

여섯하면, 옛 것을 존중하여 미래를 알아
　　　　　형설의 공 갖추어서 몸에 익히세

일곱하면, 어려움에 처한 사람을 볼 때는
　　　　　힘닿는 대로 돌보세 긍휼히 여기세

여덟하면, 만병은 입으로 들어온다 하니
　　　　　먹을 것과 마실 것에 주의하세 마음에 두세

九(こゝの)つとや、心(こゝろ)はかならず高(たか)くもて
　　　　たとひ身分(みぶん)はひくゝとも　輕(かる)
　　　　くとも。

十(とお)とや、遠(とう)き祖先(そせん)のを(お)しへ(え)を
　　　　も
　　　　守(まも)りてつくせ家(いえ)のため　國(く
　　　　に)のため。

『普通學校唱歌書』第四學年用 317

아홉하면, 포부는 최대한 높게 가져라
　　　　　비록 신분은 낮거나 천할 지라도

열하면,　　옛 조상의 가르침도
　　　　　지켜나가세 가문을 위해 나라를 위해

一〇、鄭民赫(ていみんかく)

一、朝(あした)は山(やま)に　　薪(たきゞ)とり、
　　夕(ゆうべ)は町(まち)に　　荷(に)を運(はこ)び、
　　かよわい腕(うで)で　　　はたらいて、
　　母(はゝ)を養ふ(やしなう)　けなげさよ。

二、身(み)は富(と)み、家(いえ)は　榮(さか)えても、
　　親(おや)の居(お)られた　　その頃(ころ)を
　　ながく忘(わす)れず、　　　つましうも
　　暮(くら)す心(こゝろ)の　　けだかさよ。

三、貧(まづ)しいものや　　　病(や)むものを
　　いたは(わ)り助(たす)け、　物(もの)をやり、
　　人(ひと)の手本(てほん)と、　今(いま)もなほ(お)、
　　敬は(うやまわ)れ居(お)る　　尊(とうと)さよ。

10. 정민혁

1 아침에는 산에서　　　　땔감을 하고
　저녁에는 마을에서　　　짐을 나르며
　어린 몸으로　　　　　　일하여
　어머니를 봉양하는　　　기특함이여

2 부유해지고 가문이　　　번창해져도
　부모가 살아 계시던　　그 시절을
　언제나 잊지 않고　　　검소하게
　살아가는 마음의　　　　단정함이여

3 가난한 자나　　　　　　병든 자를
　위로하고 도와주려고　　물품을 건네니
　타의 모범으로　　　　　지금도 여전히
　존경받고 있는　　　　　고귀함이여

一一、勤儉(きんけん)

一、父母(ふぼ)より受(う)けし　　この身體(からだ)
　　筋骨(きんこつ)すべて　　　　力(ちから)あり。
　　　　この手(て)をむだに　　　なすべきか、
　　　　この足(あし)むだに　　　なすべきか。
　　　はたらくための　　　　　　この手(て)なり、
　　　はたらくための　　　　　　この足(あし)ぞ。
　　　　毎日(まいにち)つとめ　　はたらくが、
　　　　まことの人(ひと)の　　　道(みち)なるぞ。

二、はたらく人(ひと)は　　　　　おのづ(ず)から、
　　　身體(からだ)も强(つよ)く　なり行(ゆ)きて。
　　　　かせぐに追ひ(おい)つく　貧(ひん)もなく、
　　　　財寶(たから)も自然(しぜん)　得(え)らるべし。
　　　財寶(たから)を得(え)ては　　むだにせず、
　　　貯へ(たくわえ)おきて　　　　身(み)を富(と)ませ、
　　　　勤(つと)めて得(え)たる　　富(とみ)こそは、
　　　　まことに人(ひと)の　　　　たからなれ。

11. 근검

1 부모에게 물려받은 이내 몸은
　뼈와 살 모두 힘이 넘치네
　　이 손을 헛되이 쓸 것인가
　　이 다리 헛되이 쓸 것인가
　일하기 위한 이 손이며
　일하기 위한 이 다리라네
　　매일 힘써 일하는 것이
　　참된 사람의 도리라네

2 일하는 사람은 저절로
　신체도 강하게 되어지고
　　열심히 일하는 자에게 가난도 없고
　　재물도 저절로 얻을 수 있으리
　재물을 얻고 나서 함부로 쓰지 말고
　저축하여 출세를 하니
　　소임을 다하여 얻은 부(富)야말로
　　참된 사람의 보배로세

一二、金剛山(こんごうさん)

一、一萬(いちまん)と二千(にせん)の　山々(やまやま)を見下(みおろ)し、
　　大空(おうぞら)に聳(そび)ゆる　毘盧峰(びるほう)の頂(いたゞき)。
　　　虎(とら)か獅子(しし)か、仙人(せんにん)か鬼神(きしん)か、
　　立(た)てるすがた　面白(おもしろ)や萬物相(ばんぶつそう)。

二、千年(せんねん)の森林(しんりん)　陰(かげ)暗(くら)く繁茂(はんも)し、
　　どうどうと響(ひゞ)くは　九龍淵(きうりうえん)の瀧(たき)つ瀨(せ)。
　　　奇岩(きがん)あまた　荒波(あらなみ)に衝(つ)き立(た)ち、
　　眞帆(まほ)や片帆(かたほ)　見(み)え渡(わた)る海金剛(うみこんごう)。

12. 금강산

1 1만 2천 봉우리를 내려다보며
　　드넓은 하늘에 솟아오른 비로봉 정상
　　　　호랑이인가 사자인가 신선일까 귀신일까
　　솟아있는 모습 신기하구나 만물상

2 천 년의 숲 그림자 드리운 울창한 초목
　　우르르 울려퍼지는 구룡폭포의 급류
　　　　기암괴석 풍파에 씻기고
　　순풍에 돛단배 모두 건너다보이는 해금강

三、これぞこれ朝鮮(ちようせん)　金剛(こんごう)の山景(さんけい)。
　　金剛(こんごう)を見(み)ずんば　天下(てんが)の景色(けいしよく)を
　　　語(かた)るなかれ。　皆(みな)行(ゆ)きて見(み)よ
　　　見(み)よ、
　　たぐひ(い)知(し)らぬ　造化(ぞうか)の妙技(みようぎ)を。

3 이것이야말로 조선의 금강산 풍경
　　금강산을 보지 않고 천하의 경치를
　　　논하지 말라. 모두 가서 구경이나 하세
　　비할 데 없는 자연의 조화를

一三、日本海海戰(にっぽんかいかいせん)

一、『敵艦(てつかん)見(み)えたり、近づ(ちかず)きたり、
　　　皇國(みくに)の興廃(こうはい)たゞ此(こ)の一擧(いつきよ)。
　　各員(かくいん)奮勵(ふんれい)努力(どりよく)せよ。』と
　　　旗艦(きかん)のほばしら信號(しんごう)揚(あが)る。
　　みそらは晴(は)るれど風(かぜ)立(た)ちて、
　　　對馬(つしま)の沖(おき)に浪(なみ)高(たか)し。

二、主力艦隊(しゆりよくかんたい)前(まえ)を抑へ(おさえ)、
　　　巡航艦隊(じゆんようかんたい)後(うしろ)に迫(せま)り、
　　囊(ふくろ)の鼠(ねずみ)と圍(かこ)み撃(う)てば、
　　　見(み)る見(み)る敵艦(てつかん)亂(みだ)れ散(ち)るを、
　　水雷艇隊(すいらいていたい)驅逐隊(くちくたい)
　　　逃(のが)しはせじと追ひ(おい)て撃(う)つ。

13. 일본해해전

1 "적함이 보인다 다가온다
　　　황국의 흥망 바로 이 한 판
　각자 혼신 다해서 분발하라"고
　　　기함(旗艦)의 돛대에 신호 오른다
　하늘은 맑은데 바람이 일어
　　　쓰시마(対馬) 앞바다에 파도가 높다

2 주력함대 앞을 차단하고
　　　순양함대 뒤에서 추격하여
　포위하여 사격하니
　　　순식간에 적함 흐트러지는 것을
　수뢰정부대, 구축부대
　　　놓칠쏘냐 뒤쫓아 공격하네

三、東天(とうてん)赤(あか)らみ夜霧(よぎり)霽(は)れて、
　　旭日(きよくじつ)かゞやく日本海上(につぽんかいじよう)。
いまはや遁(のが)るゝすべもなくて、
　　撃(う)たれて沈(しず)むも降(くだ)るもあり、
敵國(てつこく)艦隊(かんたい)全滅(ぜんめつ)す。
　　帝國(ていこく)萬歳(ばんざい)萬々歳(ばんばんざい)。

3 동녘 하늘 밝아지고 밤안개 걷히고
　　욱일승천하는 일본해상(日本海上)
　이제는 어찌 피할 수도 없어
　　격침당해 침몰하고 항복하여
　적함대 전멸하네
　　일본제국 만세 만만세

一四、冬景色(ふゆげしき)

一、さ霧(ぎり)消(き)ゆる湊江(みなとえ)の
　　舟(ふね)に白(しろ)し、朝(あさ)の霜(しも)。
　たゞ水鳥(みずとり)の聲(こえ)はして
　　いまだ覺(さ)めず、岸(きし)の家(いえ)。

二、烏(からす)啼(な)きて木(き)に高(たか)く、
　　人(ひと)は畑(はた)に麥(むぎ)を踏(ふ)む。
　げに小春日(こはるび)ののどけしや。
　　かへ(え)り咲(ざき)の花(はな)も見(み)ゆ。

三、嵐(あらし)吹(ふ)きて雲(くも)は落(お)ち、
　　時雨(しぐれ)降(ふ)りて日(ひ)は暮(く)れぬ。
　若(も)し燈火(ともしび)の漏(も)れ來(こ)ずば、
　　それと分(わ)かじ、野邊(のべ)の里(さと)。

14. 겨울풍경

1 안개 걷힌 포구
　　배에 하얀 아침 서리
　오직 물새 우는 소리만
　　아직 깨지 않은 강변의 집

2 까마귀 울고 있네 높은 나무에서
　　사람들은 밭에서 보리를 밟는다
　실로 따뜻한 초겨울의 평온함이여
　　때 늦은 꽃도 보이구나

3 폭풍우 불어오니 구름은 떨어지고
　　겨울비 내리고 날은 저무네
　등불마저 새어나오지 않았다면
　　전혀 알 수 없었을 것을 들판의 외딴집

一五、金剛石(こんごうせき)

金剛石(こんごうせき)もみがかずば、
　　珠(たま)のひかりはそは(わ)ざらん。
人(ひと)もまなびて後(のち)にこそ、
　　まことの徳(とく)はあらは(わ)るれ。
時計(とけい)の針(はり)のたえまなく
　　めぐるが如(ごと)く、ときのまの
日(ひ)かげを(お)しみて勵(はげ)みなば、
　　如何(いか)なる業(わざ)かならざらん。

水(みず)は器(うつわ)

水(みず)はうつは(わ)にしたがひ(い)て、
　　そのさまざまになりぬなり。
人(ひと)はまじは(わ)る友(とも)により、
　　よきにあしきにうつるなり。
おのれにまさるよき友(とも)を
　　えらびもとめて、もろ共(とも)に
こゝろの駒(こま)にむちうちて、
　　まなびの道(みち)にすゝめかし。

15. 금강석[6]

금강석이라도 닦지 않으면
　　구슬의 광채는 나지 않으리
사람도 배워서 훗날이 되면
　　진실된 덕은 나타나지요
시계의 바늘이 쉴 사이 없이
　　돌아가는 것처럼 잠깐 동안의
일촌광음 아껴서 분발하면은
　　어떠한 일이라도 안될 것인가?

물은 그릇 나름

물은 그릇에 따라
　　여러 가지 모양으로 된다네
사람도 교제하는 친구에 따라
　　좋게도 나쁘게도 바뀐다네
나보다 훌륭한 친구를
　　찾아 골라서 모두 함께
타락하려는 마음을 잘 다스려
　　배움의 길로 매진하세

---

[6] 15단원의 「금강석」, 「물은 그릇 나름」이 두 곡의 노래는 메이지 천황(明治天皇)의 황후이자 다이쇼천황(大正天皇)의 양어머니인 쇼켄 황태후(昭憲皇太后)가 만든 시에 곡을 붙인 것이다.

一六、正直(しようじき)

一、忘(わす)るなよ、正直(しようじき)は
　　　　人間(にんげん)の守(まも)るべき
　　第一(だいいち)の
　　　　徳(とく)なるを。

二、交は(まじわ)りて友達(ともだち)の
　　　　信用(しんよう)を受(う)くべきも、
　　ただ是(こ)れぞ、
　　　　この徳(とく)ぞ。

三、商(あきない)のもとでとは
　　　　金(かね)よりも品(しな)よりも、
　　たゞ是(こ)れぞ、
　　　　この徳(とく)ぞ。

16. 정직

1 잊지 말아요 정직이란
　　　인간이 지켜야 할
　제일의
　　　덕인 것을

2 사귀는 친구의
　　　신용을 얻는 것도
　오로지 이 것일세
　　　이 덕일세

3 장사밑천이 되는 것은
　　　돈보다도 물건보다도
　오로지 이 것일세
　　　이 덕일세

一七、婦德(ふとく)

一、あれ見(み)よやなぎ。
　　　おとなしやかに　しだれた枝(えだ)の
　　　姿(すがた)やさしく、荒(あら)い風(かぜ)にも、
　　　逆(さか)らは(わ)ぬこそ　を(おんな)の手本(てほん)。
　　たれもこゝろを
　　　　　　　やさしく持(も)ちて、
　　　　　　身(み)をばたしなめ。

二、あれ見(み)よ小(こ)まつ。
　　　幹(みき)もすなほ(お)に　育(そだ)つ枝(えだ)葉(は)の
　　　姿(すがた)たゞしく、　雪(ゆき)にみぞれに、
　　　みどりかへ(え)ぬは　を(おんな)の手本(てほん)。
　　たれもこゝろを
　　　　　　　たゞしく持(も)ちて、
　　　　　　操(みさお)をまもれ。

17. 부덕

1 저기 보세요 버드나무
　　유연하게 늘어진 가지의
　　자태는 온순하여 거센 바람에도
　　거스르지 않는 것이야말로 여성의 본보기
　모두 다 마음을
　　　　상냥하게 하고
　　　　몸가짐 조신하게 하세

2 저기 보세요 소나무
　　줄기도 곧게 자란 가지와 잎의
　　자세 올곧게 온갖 풍설에도
　　푸른빛 변치않는 여성의 본보기
　모두 다 마음을
　　　　바르게 가지고
　　　　절개를 지키세

大正九年三月二十五日發行
大正九年三月二十三日印刷
（大正十年四月十五日增刷）

庶務部印刷所印刷

朝鮮總督府

定價金十二錢
書留生四

일제강점기 조선총독부 편찬
초등학교 〈唱歌〉 교과서 대조번역 (上)

『普通學校補充唱歌集』

普通學校

補充唱歌集

緒 言

一 本書ハ普通學校ニ於ケル唱歌科ノ補充教科書トシテ編纂セルモノナリ。

二 本書ノ教材ハ(一)本府ニ於テ新ニ懸賞募集シテ得タル歌詞ニ曲譜ヲ附セルモノ、「馬と月」「ぶらんこ」「牛飼い」「자라난다」「登校」「토끼놀음」「쌀악눈과닭」「お髯の長いおじいさん」「나물캐기」「배우는바다」「四時景概歌」「甕(かめ)」「きぬた」「長煙管」「朝日・夕日」「凧」「白頭山」「雞林」「がちの巣」「高麗の舊都」「遲刻마세」「餘業의滋味」「ぱかちの船」「野邊の秋」「百濟の舊都」「成三問」「ぽぷら」「昔脫解」「冬季遠足」(二)舊本府編纂普通學校唱歌書中ヨリ採擇セルモノ、「달」「연」「픠엿네픠엿네」「기럭이」「토끼와거북」「運動會」「物言う龜」「牡丹臺」「釜山港」「갈지라도」「木우ゑ」「鄭民赫」

서언

1. 본서는 보통학교(현재의 초등학교)에 있어서 창가과의 보충 교과서로서 편찬된 것임.

2. 본서의 교재는, (1) 본부(조선총독부)에서 새롭게 현상모집 하여 채택한 가사(歌詞)에 악보를 붙인 「말과 달」, 「그네」, 「소 기르기」, 「자라난다」, 「등교」, 「토끼놀음」, 「쌀악눈과닭」, 「수염이 긴 할아버지」, 「나물캐기」, 「배우는바다」, 「사시경개가」, 「항아리」, 「다듬이질」, 「긴 담뱃대」, 「아침 해 저녁 노을」, 「연」, 「백두산」, 「계림」, 「까치집」, 「고려의 옛 수도」, 「지각마세」, 「餘業의滋味」, 「바가지 배」, 「가을들녘」, 「백제의 옛 수도」, 「성삼문」, 「포플러나무」, 「석탈해」, 「겨울소풍」 (2) 구 본부편찬 『普通學校唱歌書』 중에서 채택된 것으로, 「달」, 「연」, 「픠엿네픠엿네」, 「기럭이」, 「토끼와거북」, 「운동회」, 「말하는 거북이」, 「모란대」, 「부산항」, 「갈지라도」, 「나무심기」, 「정민혁」,

「燕」「鴨綠江」「京城」「女子の務」「金剛山」、(三)本府編纂普通學校國語讀本普通學校朝鮮語讀本ノ韻文教材ニ曲譜ヲ附セルモノ、「トンボ」「ブランコ」「子リス」「ギイッコンバッタン」「팽이」「山にぽっつり」「나븨」「물방아」「春のわらひ」「四十雀」「石工」「雉子うちぢいさん」「美しい角」「放學의作別」ヨリ成レルモノトス。

三　本書ノ教材ハ教授ノ都合上順序ヲ變更シ、又幾分學年ノ配當ヲモ變更シテ教授スルモ差支ナシ。

四　歌詞ノ假名遣ハ第四學年用マデハ表音的假名遣ニ依リ、第五學年用以上ハ歷史的假名遣ニ依レリ。

大正十四年三月　　　　　　　朝 鮮 總 督 府

「제비」, 「압록강」, 「경성」, 「여자의 본분」, 「금강산」 (3) 본부편찬 『普通學校國語讀本』이나 『普通學校朝鮮語讀本』의 원문교재에 곡을 붙인 것으로, 「잠자리」, 「그네」, 「아기다람쥐」, 「널뛰기」, 「팽이」, 「산에 홀로」, 「나비」, 「물방아」, 「봄이 오는 소리」, 「박새」, 「석공」, 「꿩 사냥꾼 할아버지」, 「아름다운 뿔」, 「방학의 작별」 등으로 이루어진 것임.

3. 본서의 교재는 수업 형편상 순서를 변경하거나 다소간 학년의 배당을 변경하여 수업하여도 상관없음.

4. 가사의 가나(仮名) 사용법은 제4학년까지는 표음적가나(表音的仮名) 사용법에 의하고, 제5학년 이상은 역사적 가나(歷史的仮名) 사용법에 의함.

1925년 3월　　　　　　　　　　조 선 총 독 부

『普通學校補充唱歌集』
『보통학교보충창가집』

目次(목차)

第一學年用

一	トンボ	352
	잠자리	353
二	ブランコ	354
	그네	355
三	子リス	356
	아기다람쥐	357
四	ギイッコンバッタン	358
	널뛰기	359
五	달	360
六	연	361
七	픠엿네픠엿네	362
八	기럭이	363
九	토끼와거북	364
一〇	팽이	365

第二學年用

一	山にぽっつり	368
	산에 홀로	369
二	馬と月	370
	말과 달	371
三	ぶらんこ	372
	그네	373
四	牛飼い	374
	소 기르기	375
五	자라난다	376
六	나븨	377
七	登校	378

八		물방아 ·······················	379
九		토끼놀음 ·····················	380
一〇		쌀악눈과닭 ···················	382

第三學年用

一	春のわらい ······················	384
	봄이 오는 소리 ···················	385
二	四十雀 ·························	386
	박새 ···························	387
三	石工 ···························	388
	석공 ···························	389
四	雉子うちじいさん ················	390
	꿩사냥꾼 할아버지 ················	391
五	お髯の長いおじいさん ············	392
	수염이 긴 할아버지 ···············	393
六	運動會 ·························	394
	운동회 ·························	395
七	物言う龜 ·······················	396
	말하는 거북이 ···················	397
八	나물캐기 ·······················	400
九	배우는바다 ·····················	401
一〇	四時景槪歌 ·····················	402

第四學年用

一	美しい角 ·······················	404
	아름다운 뿔 ····················	405
二	甕(かめ) ······················	406
	항아리 ························	407
三	きぬた ························	408
	다듬이질 ······················	409
四	牡丹臺 ························	410
	모란대 ························	411
五	長煙管 ························	412
	긴 담뱃대 ·····················	413
六	朝日·夕日 ·····················	414

	아침 해 저녁 노을 …………………………	415
七	凧 …………………………………………	416
	연 …………………………………………	417
八	釜山港 ……………………………………	418
	부산항 ……………………………………	419
九	갈지라도 …………………………………	420
一〇	白頭山 ……………………………………	421

第五學年用

一	雞林 ………………………………………	424
	계림 ………………………………………	425
二	がちの巣 …………………………………	428
	까치집 ……………………………………	429
三	高麗の舊都 ………………………………	430
	고려의 옛 수도 ……………………………	431
四	木うゑ ……………………………………	432
	나무심기 …………………………………	433
五	鄭民赫 ……………………………………	434
	정민혁 ……………………………………	435
六	燕 …………………………………………	436
	제비 ………………………………………	437
七	鴨綠江 ……………………………………	438
	압록강 ……………………………………	439
八	遲刻마세 …………………………………	440
九	放學의作別 ………………………………	441
一〇	餘業의滋味 ………………………………	442

第六學年用

一	ぱかちの船 ………………………………	446
	바가지 배 …………………………………	447
二	野邊の秋 …………………………………	448
	들녘의 가을 ………………………………	449
三	百濟の舊都 ………………………………	450
	백제의 옛 수도 ……………………………	451
四	成三問 ……………………………………	456

	성삼문	457
五	ぽぷら	458
	포플러나무	459
六	昔脫解	460
	석탈해	461
七	京城	464
	경성	465
八	女子の務	468
	여자의 본분	469
九	金剛山	470
	금강산	471
一〇	冬季遠足	474

第 一 學 年 用

一　トンボ

一、アカイトンボガ
　　　トンデイル。
　　ツイ、ツイ、ツイト
　　　トンデイル。

二、トンデイッテハ
　　　トンデクル。
　　ツイ、ツイ、ツイト
　　　トンデクル。

1. 잠자리

1 고추잠자리가
　　　　　날고 있네
　휙 휙 휙
　　　　　날고 있네

2 날아갔다가
　　　　　돌아 오네
　휙 휙 휙
　　　　　날아 오네

二 ブランコ

一、ブランコ、ブランコ、
　　　フレ、フレ、ブランコ。
　　　　ヤマモ　カワモ　ウゴク。

二、ブランコ、ブランコ、
　　　フレ、フレ、ブランコ。
　　　　マダ　ヒハ　タカイ。

2. 그네

1 그네야 그네야
　　날아라 날아 그네야
　　　산도 내도 움직이네

2 그네야 그네야
　　날아라 날아 그네야
　　　해는 아직도 높구나

三　子(コ)リス

一、クリノミガ　オチタ。
　　　　ソレ見(ミ)テ　子(コ)リス、
　　　　　チョロ　チョロ
　　　　　　ヒロッタ。

二、クリノミハ　ウマイナ。
　　　　チョイトタッテ　子(コ)リス、
　　　　　ムックリ　ムックリ
　　　　　　タベタ。

三、カゼフイタ、カアサカサ。
　　　　ニゲダシテ　子(コ)リス、
　　　　　オカアサンノオチチニ
　　　　　　トリツイタ。

3. 아기다람쥐

1 알밤이 떨어졌네
　　그걸 본 아기다람쥐
　　　쪼르르 달려가
　　　　주웠네

2 알밤은 맛있구나
　　벌떡 서서 아기다람쥐
　　　오물 오물
　　　　먹누나

3 바람 부네! 바스락 바스락
　　달아난 아기다람쥐
　　　엄마 품에
　　　　매달렸네

四　ギイッコンバッタン

一、ギイッコンコ、バッタンコ。
　　　アカイキモノガ　アガッタ。
　　　　キイロイキモノガ　サガッタ。

二、ギイッコンコ、バッタンコ。
　　　キイロイキモノガ　アガッタ。
　　　　アカイキモノガ　サガッタ。

三、ギイツコンコ、バタンコ。
　　　イエモ、山(ヤマ)モ、オ日(ヒ)サマモ、
　　　　アガッタ、サガッタ。

4. 널뛰기

1 쿵더쿵 쿵더쿵
  빨간 옷이 올라 가네
    노란 옷이 내려오네

2 쿵더쿵 쿵더쿵
  노란 옷이 올라 가네
    빨간 옷이 내려오네

3 쿵더쿵 쿵더쿵
  집도 산도 햇님도
    올라가네 내려오네

五 달

一、달아달아밝은달아、
　　　리태빅이노든달아、
　　저긔저긔저달속에、
　　　　계슈나무박혓스니、
　　옥독긔로찍어내고、
　　　　금독긔로다듬어서。

二、초가삼간집을짓고、
　　　량친부모모셔다가、
　　쳔년만년살고지고、
　　　　쳔년만년살고지고、
　　량친부모모셔다가、
　　　　쳔년만년살고지고。

六 연

一、연아연아올나라、
　　　　부는바람잘바다、
　구름까지올나라、
　　　　하날까지올나라。

二、저것저것처진다、
　　　　쇠득여라연줄을、
　저것저것올은다、
　　　　풀지마라연줄을。

七 픠엿네픠엿네

一、픠엿네 픠엿네、
　　무슨꼿치픠엿나、
　　련꼿치픠엿네、
　　　픠엿다고하얏드니、
　　　볼동안에옴첫네。

二、옴첫네 옴첫네、
　　무슨꼿치옴첫나、
　　련꼿치옴첫네、
　　　옴첫다고하얏드니、
　　　볼동안에픠엿네。

八 기럭이

기럭아 기럭아
　　　　날아라、
큰기럭이
　　　　압흐로、
적은기럭이
　　　　뒤으로、
사이조케
　　날아라。

九 토끼와거북

一、여보여보거북님 내말들어보、
　텬디간동물즁에 네발가지고、
　　저갓치느린걸음 처음보아라、
　　이샹타그대걸음 엇지그런가。

二、여보여보토끼님 무슨말인가、
　그러하면나하고 경주하랴나、
　　여긔서바로써나 저산까지에、
　　누구라먼저가나 내기해보세。

三、아모리저거북이 속히걸어도、
　밤까지걸닐지니 잠깐잠자고、
　　천천히가드라도 저못밋츨가、
　　콜 콜 또 콜 콜 토끼코곤다。

四、아찻차너무잣다 어서가보자、
　강동강동쏘강동 토끼닷는다、
　　거북은쉬지안코 먼저갓도다、
　　자랑하든토끼는 어이느젓나。

一〇 팽 이

채쭉감아 던진팽이、
　　하마하마 쓸어질듯、
다시한번 채를칠째、
　　팽팽팽팽 잘도돈다。
싱긔잇게 돌아가네、
　　쉬지말고 잘돌아라。

第 二 學 年 用

一　山(やま)にぽっつり

一、まるくふくれた　　　　土(ど)まんじう、
　　だれのおはかか　　　　しらないが、
　　山(やま)にぽっつり　　さみしそう。

二、まるくふくれた　　　　土(ど)まんじう、
　　たまたま小鳥(ことり)は　なくけれど、
　　山(やま)にぽっつり　　さみしそう。

三、まるくふくれた　　　　土(ど)まんじう、
　　ちらちらのぎくは　　　さくけれど、
　　山(やま)にぽっつり　　さみしそう。

四、まるくふくれた　　　　土(ど)まんじう、
　　空(そら)は夕(ゆう)やけ　まっかだが、
　　山(やま)にぽっつり　　さみしそう。

1. 산에 홀로

1 둥글게 솟아오른   흙무덤
   누구의 무덤인지   모르지만
   산에 홀로   쓸쓸하게

2 둥글게 솟아오른   흙무덤
   이따금 작은 새는   울지만
   산에 홀로   쓸쓸하게

3 둥글게 솟아오른   흙무덤
   드문 드문 국화는   피었지만
   산에 홀로   쓸쓸하게

4 둥글게 솟아오른   흙무덤
   하늘은 석양이   새빨갛지만
   산에 홀로   쓸쓸하게

二　馬(うま)と月(つき)

一、白(しろ)い路(みち)、こみち、
　　　たらたら　こみち、
　　　　　白(しろ)い馬(うま)が　とおる。

二、赤(あか)い山、こやま、
　　　ころころ　こやま、
　　　　　赤(あか)い月(つき)が　のぼる。

2. 말과 달

1 하얀 길 골목길
　　길다란 골목길
　　　　하얀 말이 지나가네

2 붉은 산 작은 동산
　　동글 동글 동산
　　　　붉은 달이 떠오르네

三　ぶらんこ

一、ぶらんこ、ぶらんこ、
　　　ぎっこん　ぎっこん　あがれ。
　　　ぽぷらの　がちの
　　　　巣(す)の中(なか)　みてこ。

二、ぶらんこ、ぶらんこ、
　　　ぎっこん　ぎっこん　あがれ。
　　　小山(こやま)の　かげの
　　　　牧場(まきば)を　のぞこ。

三、ぶらんこ、ぶらんこ、
　　　ぎっこん　ぎっこん　あがれ。
　　　青空(あおぞら)　ついて、
　　　　お日様(ひさま)に　とゞけ。

3. 그네

1 그네야 그네야
　　높이 높이 올라라
　　　포플러나무의 까치
　　　　둥지 안을 보자꾸나

2 그네야 그네야
　　높이 높이 올라라
　　　언덕 넘어
　　　　목장을 보자꾸나

3 그네야 그네야
　　높이 높이 올라라
　　　푸른 하늘에 올라
　　　　햇님에게 가자꾸나

四　牛飼(か)い

一、いろいろいろと　　　　　綱(つな)ひいて、
　　小川(おがわ)の邊(ほとり)、　今日(きよう)もまた、
　　柔(やさ)しい牝牛(めうし)　　連(つ)れ行(い)こう、
　　家(いえ)のたからの　　　　牛飼(うしか)いに。

二、ちゃらちゃらちゃらと　　背(せ)に乘(の)って、
　　小山(こやま)の上(うえ)へ、　明日(あす)もまた、
　　馴(な)れた牡牛(おうし)と、　出(で)て行(い)こう、
　　國(くに)のたからの　　　　牛飼(うしか)いに。

4. 소 기르기

1 이랴 이랴 이랴 　고삐를 당기어
  작은 시내 근처 　오늘도 또
  온순한 암소 　데리고 가자
  우리집 보물 　소 기르기

2 달랑 달랑 달랑 　등에 타고
  동산 위로 　내일도 또
  길들여진 숫소와 　함께 나가자
  나라의 보물 　소 기르기

五 자라난다

一、초당압희 금잔듸는、
　　　쌋쏫한 봄빗바다、
　　　　제가혼자 속닙난다。

二、화단우에 쎅린씨는、
　　　읅읏붉읏 필맘으로、
　　　　제가혼자 눈이튼다。

三、뒷들밧희 보리싹은、
　　　눈서리 다지내고、
　　　　제가혼자 자라난다。

四、글동산에 모인우리、
　　　아침저녁 배운것을、
　　　　제가혼자 알아간다。

六 나븨

一、나븨 나븨 이나븨야、
　　　이리와서 나고놀세
　우리쯜에 만발한꼿、
　　　빗도곱고 香氣조타。

二、나븨 나븨 이나븨야、
　　　그만자고 닐어나게。
　봄이쟝ᄎ 느저가네、
　　　무슨쑴을 입쌔쑤나。

三、나븨 나븨 나븨들아、
　　　큰닙사귀 그늘속에、
　날개접고 급히안쎄
　　　바람불고 비오겟네。

七 登校

一、날새엿네닐어나 　　옷갈아닙고、
　　배울學課ᄎ례로 　　예비한후에、
　　册보벤쪼녑헤씨고 　　門을나서서、
　　지체말고학교에 　　남보다먼저。

二、熱心으로工夫하세 　　上學時間에、
　　두지말게잡념을 　　늙고쓸썩에、
　　ᄌᆞ미잇게遊戲하세 　　運動場에서、
　　兄弟갓치情다운 　　동모와함ᄭᅴ。

三、下學햇네돌아가세 　　우리집으로、
　　늣게가면父母께서 　　念慮하시네、
　　배운것을닛지말게 　　復習한後에、
　　집안일심부름에 　　힘도씁시다。

八 물방아

一、방아 방아 물방아야、
　　쿵쿵찟는 물방아야、
　　너의힘이 장하고나。
　　폭포갓치 쏫는물에。

二、설어지는 공이소리、
　　쉴사이업시 울니면서、
　　한섬두섬 찌어내니、
　　白玉갓흔 흰쌀일세。

九 토끼놀음

一、토끼야토끼야、
　　오날을爲하야춤추세。
　　　밤은깁고달은밝아、
　　　　왼天地가明郞하다。

二、토끼야토끼야、
　　오날을爲하야춤추세。
　　　世上사람잠들자니、
　　　　마음노코놀아보세。

三、토끼야토끼야、
　　오날을爲하야춤추세。
　　　龍宮서는어림업시、
　　　　우리간을求한다네。

四、토끼야토끼야、
　　오날을爲하야춤추세。
　　　거북배를타고설낭、
　　　　龍宮구경다해봣네。

五、토끼야토끼야、
　　오날을爲하야춤추세。
　　　거북님은애만쓰고、
　　　　븬손으로돌아갓네。

一〇 쌀악눈과닭

一、하나둘알알이
　　쑥쑥썰어져
　　　마당에쌔그를
　　　　눈구슬군다

二、모이만넉이는
　　수탉한마리
　　　암탉을찻노라
　　　　쑤구쑤쑤구

三、날개를펼치고
　　날나들쌔에
　　　쌀악눈우수수
　　　　쏙 쏙그댁

第 三 學 年 用

一　春(はる)のわらい

一、春(はる)が來(き)た、春(はる)が來(き)た。
　　　もぐらは　土(つち)ほる、
　　　　　もっく、もっく、もっく。
　　　てんとう様(さま)に　見(み)えぬよう、
　　　　　麥(むぎ)の畠(はたけ)の　土(つち)をほる。
　　　　　上(うえ)には　農夫(のうふ)が
　　　　　　　山(やま)見(み)て　うたう。

二、春(はる)が來(き)た、春(はる)が來(き)た。
　　　ありは　たんぽぽに、
　　　　　えっさ、えっさ、えっさ。
　　　てんとう様(さま)を　見(み)にのぼり、
　　　　　こがねの塔(とう)に　ひとおどり。
　　　　　上(うえ)には　ひばりが
　　　　　　　空(そら)見(み)て　うたう。

1. 봄이 오는 소리

1 봄이 왔네 봄이 왔어
　　두더지는 땅을 파네
　　　　울퉁 불퉁 불퉁
　　햇님에게 들키지 않게
　　보리밭 땅을 파네
　　　　위에서는 농부가
　　　　산을 보며 노래하네

2 봄이 왔네 봄이 왔어
　　개미는 민들레에게
　　　　영차 영차 영차
　　해님을 보러 올라가
　　황금탑에서 혼자 춤을 추네
　　　　위에서는 종달새가
　　　　하늘 보며 노래하네

二　四十雀(しじうから)

一、青(あお)いぼうしに　　　白(しろ)いしゃつ、
　　どこから來(き)たか　　　四十雀(しじうから)、
　　ちんちんからゝ　　　　　ちんからゝ。
　　あめ屋(や)にしては　　　あめがない、
　　ぱんやにしては　　　　　ぱん持(も)たぬ。
　　何(なに)を賣(う)るのか、　四十雀(しじうから)。

二、いえ、いえ、僕(ぼく)は　かるわざし、
　　旅(たび)から旅(たび)を　ひとりぼち。
　　あしの細(ほそ)ぶえ　　　吹(ふ)きながら、
　　さかさにくゞる　　　　　くりの枝(えだ)、
　　よこちょに渡(わた)る　　つたのつる。
　　ちんちんからゝ　　　　　ちんからゝ。

2. 박새

1 파란 모자에　　　하얀 셔츠
　어디에서 왔니　　박새야
　쯔빗 쯔빗　　　　쯔쯔빗
　엿가게 하자니　　엿이 없구나
　빵가게 하자니　　빵이 없다네
　무엇을 팔 거니　　박새야

2 아냐 아냐 나는　　곡예사
　이곳 저곳 홀로　　방랑한다네
　가느다란 갈대피리 불어대면서
　거꾸로 빠져 나가네 밤나무가지
　옆으로 건너가네　담쟁이덩굴
　쯔빗 쯔빗　　　　쯔쯔빗

三　石工(いしく)

一、かっちんかっちん　　　石(いし)をきる。
　　めがねをかけて、　　　石(いし)をきる。
　　目(め)もとをすえて、　石(いし)をきる。
　　汗(あせ)をながして、　石(いし)をきる。

二、かっちんかっちん　　　石(いし)をきる。
　　石(いし)よりかたい　　のみのさき。
　　のみより強(つよ)い　　うでさきで、
　　かっちんかっちん　　　石(いし)をきる。

三、かっちんかっちん　　　日(ひ)がくれて、
　　火花(ひばな)が見える、のみのさき。
　　のみの手(て)もとは　　暗(くら)くても、
　　かっちんかっちん　　　石(いし)をきる。

3. 석공

1 탕 탕 탕 탕　　　돌을 쪼네
　안경을 쓰고　　　돌을 쪼네
　시선을 집중하여　돌을 쪼네
　땀을 흘리면서　　돌을 쪼네

2 탕 탕 탕 탕　　　돌을 쪼네
　돌보다 강한　　　정(綎)의 날
　정보다 강한　　　팔뚝으로
　탕 탕 탕 탕　　　돌을 쪼네

3 탕 탕 탕 탕　　　날이 저물어
　불꽃이 튀기는　　정의 날
　정 부근이　　　　어둡더라도
　탕 탕 탕 탕　　　돌을 쪼네

四　雉子(きじ)うちじいさん

一、雉子(きじ)うちじいさん　　雉子(きじ)うたず、
　　いつでもしょんぼり　　　下(お)りて來(き)た。
　　山(やま)からしょんぼり　　下(お)りて來(き)た。

二、雉子(きじ)うちじいさん　　雉子(きじ)見(み)ると、
　　めんどりかわいそ、　　　おすきれい。
　　子(こ)の雉子(きじ)かわいそ、うたれない。

三、雉子(きじ)うちじいさん　　雉子(きじ)うたず、
　　谷底(たにそこ)ばっかり　　うって來(き)た。
　　靑空(あおぞら)ばっかり　　うって來(き)た。

4. 꿩 사냥꾼 할아버지

1 꿩 사냥꾼 할아버지　　꿩을 잡지 않고
　언제나 힘없이　　　　　내려온다네
　산에서 힘없이　　　　　내려온다네

2 꿩 사냥꾼 할아버지　　꿩을 보면
　까투리는 불쌍하고　　　장끼는 예쁜 데다
　새끼 꿩 가여워서　　　　쏠 수 없다네

3 꿩 사냥꾼 할아버지　　꿩은 잡지 않고
　계곡 바닥만　　　　　　쏘고 왔다네
　푸른 하늘만　　　　　　쏘고 왔다네

五　お髭(ひげ)の長(なが)いおじいさん

一、お髭(ひげ)の長(なが)いおじいさん、
　　　長(なが)いきせるを手(て)に持(も)って、
　　いつもお緣(えん)でぱくぱくと、
　　　圓(まる)い煙(けむり)を吐(は)いている。

二、お髭(ひげ)の長(なが)いおじいさん、
　　　子供(こども)相手(あいて)を樂(たの)しみに、
　　内地(ないち)朝鮮(ちょうせん)とりまぜて、
　　　昔話(むかしばなし)を聞(き)かせてる。

三、お髭(ひげ)の長(なが)いおじいさん、
　　　髭(ひげ)を撫でさせ、自慢(じまん)げに、
　　ありし昔(むかし)の虎狩(とらがり)を
　　　目(め)に見えるよう話(はな)してる。

5. 수염이 긴 할아버지

1 수염이 긴 할아버지
　　긴 담뱃대를 손에 들고
　언제나 툇마루에서 뻐끔 뻐끔
　　둥글게 연기를 내뿜고 있네

2 수염이 긴 할아버지
　　어린이들 상대로 즐겁게
　내지(內地)와 조선의 이런저런
　　옛날이야기를 들려주네

3 수염이 긴 할아버지
　　수염을 쓰다듬게 하네 으스대듯이
　옛날 옛적 호랑이 잡던 이야기를
　　눈에 선한 듯 이야기하네

六　運動會(うんどうかい)

一、指(ゆび)折(お)り數(かぞ)えて　待(ま)つて居(い)た、
　　今日(きょう)はたのしき　　運動會(うんどうかい)。
　　　旗(はた)とりかけくら　　　元氣(げんき)よく、
　　　みんなで一(いつ)しょに　　遊(あそ)びましょう。

二、遊(あそ)ぶときには　　　　よく遊(あそ)び、
　　からだきたえて、　　　　よく學(まな)ぶ、
　　　もといをつくる　　　　　運動會(うんどうかい)。

　　　みんなで一(いつ)しょに　遊(あそ)びましょう。

6. 운동회

1 손꼽아 헤아리며　　기다리던
　오늘은 즐거운　　　운동회
　　　깃발뺏기 달리기도　신나게
　　　모두 다함께　　　즐겨보세

2 뛰놀 때는　　　　　신나고 재미나게
　신체를 단련하고　　잘 배워서
　　　기초를 다져가는　운동회
　　　모두 다함께　　　즐겨보세

七　物(もの)言(い)う龜(かめ)

一、孝行(こうこう)次郎(じろう)　山(やま)に行(い)き、
　　木(き)の實(み)拾(ひろ)えば、　小(ちい)さな龜(かめ)が
　　人(ひと)のごとくに　　　　　物(もの)を言(い)う。

二、次郎(じろう)その龜(かめ)　取(と)ってきて、
　　皆(みな)に見(み)せたら　　大々(だいだい)人氣(にんき)。
　　たちまちきずく　　　　　　金(かね)のやま。

三、不孝(ふこう)の太郎(たろう)　おなじ龜(かめ)
　　かりてきたれど、　　　　　物(もの)をば言(い)わず、
　　うち腹(はら)立(だ)ちて　　龜(かめ)ころす。

四、次郎(じろう)泣(な)く泣(な)く、龜(かめ)のから
　　庭(にわ)にうめたら、　　　木(き)がはえだして、
　　金銀(きんぎん)財寶(ざいほう)　枝(えだ)になる。

7. 말하는 거북이

1 효자 지로(次郎)　　　산에 가서
　나무열매 주워 모으니　자그마한 거북이가
　사람처럼　　　　　　　말을 하네

2 지로 그 거북이를　　　가져 와서
　모두에게 보이니　　　 엄청난 인기
　순식간에 쌓이네　　　 산더미 같은 돈

3 불효자 다로(太郎)　　 같은 거북이
　빌려 왔지만　　　　　 말을 하지 않자
　몹시 화를 내며　　　　거북이를 죽였네

4 지로 울며불며　　　　 거북이 시체
　마당에 묻어주니　　　 나무가 뻗어나와
　금 은 보화　　　　　　가지에 열렸네

五、太郎(たろう)又(また)もや　　　枝(えだ)もらい、
　　させば大木(たいぼく)　　　　見(み)る見(み)るしげり、
　　きたない雨(あめ)が、　　　　木(き)からふる。

5 다로 또다시 　　가지를 얻어
　심으니 거목 　　순식간에 무성하네
　더러운 비가 　　나무에서 내리네

八 나물캐기

一、나물가세나물가세、
　　아롱아롱아지랑이　솔솔부는봄바람에、
　　솟아나는꼿다지며　짤낭짤낭방울나물、
　　논쑥밧쑥시내가에　납푼납푼춤을추네。

二、나물가세나물가세、
　　압동산의고사리는　어린아기손과갓치、
　　쇼불쇼불동고랏케　다섯가락쏙쥐이고、
　　내가쥔것무엇인가　아라내라하고섯네。

三、나물가세나물가세、
　　뒤동산의도라지는　초록단장곱게하고、
　　간얇힌그몸에다　꼿쪽도리쓰고서서、
　　困하단말아니하니　애색하야못보겟네。

四、나물가세나물가세、
　　종다래끼녑헤끼고　둘식셋식싹을지어、
　　압서거니뒤서거니　온갓나물고루고루、
　　소복하게캐여다가　저녁상에올닙시다。

九 배우는바다

一、學校는 배가되니、
　　　先生은 사공이오、
　　　　　生徒는 船員이라。

二、한배에 가득타고、
　　　茫茫한 바다우에、
　　　　　두렷시 썻도다。

三、校旗로 돗을달고、
　　　新風潮 바드면서、
　　　　　文明실너 나가세。

四、거친물결 무릅쓰고、
　　　저편언덕 다을째、
　　　　　그아니 상쾌한가。

一〇 四時景槪歌

一、 뒷동산살구꼿츤만발하얏고、
　　 압시내버들가지풀을엇도다。
　　　　 蜂蝶은꼿츨차자춤을추는대、
　　　　 黃鶯은벗을불너노래하노나。

二、 綠陰은山과들에무르녹앗고、
　　 五穀은논과밧헤풍성하도다。
　　　　 南風은조흔비를몰아오는대、
　　　　 農夫는격양가를화답하도다。

三、 왼山은단풍으로단장하얏고、
　　 놉흔하날달빗츤더욱밝도다。
　　　　 압쓸에우는것은버레소래요、
　　　　 半空에놉히쓴건기럭의쎄라。

四、 風雪은ᄉ정업시쌔를재촉코、
　　 松栢은ᄂᄌᆫ景槪자랑하도다。
　　　　 燈불은명랑하고밤은깁흔대、
　　　　 遠近에들니는것讀書聲이라。

第 四 學 年 用

一　美(うつく)しい角(つの)

一、かゞみのような湖(みずうみ)に、
　　　姿(すがた)うつして鹿(しか)はいう、
　ほんにきれいな角(つの)だこと、
　　　脚(あし)はみにくゝくやしいと。

二、うしろに犬(いぬ)のほえる聲(こえ)、
　　　すわかりうどとおどろいて、
　鹿(しか)はみにくい脚(あし)をもて、
　　　森(もり)の木(こ)の間をかけました。

三、枝(えだ)と枝(えだ)とが組(く)み合(あ)った、
　　　そこをかけると、あやにくも
　きれいな角(つの)がじゃまになり、
　　　あわれえものになりました。

1. 아름다운 뿔

1 거울 같은 호수에
 자태를 비추며 사슴은 말하네
"정말로 아름다운 뿔이로구나
 다리는 못생겨서 한스럽지만"

2 뒤쪽에서 짖는 사냥개소리
 "이런 사냥꾼이야" 하고 깜짝 놀라며
사슴은 못생긴 다리로
 숲속 나무 사이를 달렸습니다

3 가지와 가지가 얽혀 있던
 그 곳을 달리다가 그만
아름다운 뿔이 화근이 되어
 불쌍하게도 잡히고 말았습니다

二　甕(かめ)

一、藁屋(わらや)のぐるりの
　　甕(かめ)のむれ、
　みんなあんぐり
　　口(くち)あけて、
　ぱかちの花(はな)を
　　見上(みあ)げてる。

二、藁屋(わらや)のぐるりの
　　甕(かめ)の群(むれ)、
　青(あお)い夜露(よつゆ)に
　　ぬれたま〻、
　三日月様(みかずきさま)を
　　見(み)てねむる。

2. 항아리

1 초가집 주변의
　　　항아리들
　모두들 입을
　　　쫙 벌리고
　박꽃을
　　　올려다 보네

2 초가집 주변의
　　　항아리들
　푸른 밤이슬에
　　　젖은 채로
　초승달
　　　보며 잠들었네

三　きぬた

一、こん、こん、こんがらゝあ、
　　　　　ちりからろ、
　　ちり、ちり、きぬた、
　　　　　きぬたのおどり。
　きぬたかわいや、夜風(よかぜ)の中(なか)に、
　白(しろ)い衣(ころも)をなでなでおどる。

二、こん、こん、こんがらゝあ、
　　　　　ちりからろ、
　　ちり、ちり、きぬた、
　　　　　きぬたのおどり。
　おどるきぬたに、きぬたのぬしも、
　白(しろ)い衣(ころも)をみな着(き)てうたう。

3. 다듬이질

1 또닥 또닥 또다닥
　　　뚜다닥
　뚜닥 뚜닥 다듬이질
　　　다듬이질 춤사위
　다듬이질 즐거워라 밤바람 타고
　하얀 옷 다듬으며 춤추네

2 또닥 또닥 또다닥
　　　뚜다닥
　뚜닥 뚜닥 다듬이질
　　　다듬이질 춤사위
　춤추는 방망이에 다듬이질하던 이도
　하얀 옷 모두 입고 노래하네

四　牡丹臺(ぼたんだい)

一、のぼれ、のぼれ、赤土山(あかつちやま)に、
　　　こゝは名(な)だかき牡丹臺(ぼたんだい)。
　　大同江(だいどうこう)はひろびろ流(なが)れ、
　　　飛(と)んで行(い)きたい綾羅島(りようらとう)。

二、青(あお)い青(あお)い松(まつ)より上(うえ)の
　　　乙密臺(おつみつだい)に、亭(ちん)一(ひと)つ、
　　雨(あめ)にたゝかれ、嵐(あらし)にふかれ、
　　　今(いま)もむかしを物語(ものがた)る。

三、廣(ひろ)い廣(ひろ)い水田(みづた)や畑(はた)に、
　　　小(ちい)さく動(うご)く牛(うし)や馬(うま)。
　　鵲(がち)のなく音(ね)に箕子陵(きしりよう)見(み)れば、
　　　森(もり)のこずえに日(ひ)がおちた。

4. 모란대

1 오르자 올라 황토산에
　　여기는 유명한 모란대
　대동강은 넓게 넓게 흐르네
　　날아가고 싶은 능라도

2 푸르디 푸른 소나무보다 높은
　　을밀대에 정자 하나
　비를 맞아도 폭풍 몰아쳐도
　　지금도 옛날을 이야기하네

3 넓디 넓은 논과 밭에
　　조그맣게 움직이는 소와 말
　까치 울음소리에 기자릉 바라보니
　　숲속 가지 끝으로 해가 저무네

五　長煙管(ながぎせる)

一、日和(ひより)ひながの
　　　　　長(なが)ぎせる、
　一服(いっぷく)遠(とお)くで
　　　　　雞(とり)がなく、
　二服(にふく)ゆらゆら
　　　　　ちぎれ雲(ぐも)。

二、ぷかりぷかりの
　　　　　長(なが)ぎせる、
　かげろう¹燃(も)える
　　　　　赤土(あかつち)の
　畦(うね)で、唐鍬(とうぐわ)
　　　　　刃(は)が光(ひか)る。

1 かげろう의 오자

5. 긴 담뱃대

1 화창하고 긴긴 날의
　　　　긴 담뱃대
　한 모금에 멀리서
　　　　닭이 울고
　두 모금에 한들 한들
　　　　조각구름

2 뻐끔 뻐끔
　　　　긴 담뱃대
　아지랑이 피어오르는
　　　　황토의
　밭둑에선 괭이
　　　　날이 번쩍이네

六　朝日(あさひ)・夕日(ゆうひ)

一、朝日(あさひ)がさした。
　　　　向(むこ)うの山(やま)の
　麓(ふもと)に白(しろ)い
　　　　煙(けむり)が見(み)える。

二、夕日(ゆうひ)がさした。
　　　　ぽぷらの枝(えだ)の
　葉末(はずえ)が赤(あか)く
　　　　光って見(み)える。

6. 아침 해 저녁 노을

1 아침 해가 비치네
　　　　건너편 산의
　기슭에 하얀
　　　　연기가 보이네

2 저녁 노을 비치네
　　　　포플러나무 가지의
　잎이 붉게
　　　　빛나 보이네

七　凧(たこ)

一、小凧(こだこ)が　ひらり、
　　　　　絲(いと)ひきゃ　ひらり、
　　青空(あおぞら)　ついて、
　　　　　尻(しり)ごむ、しゃがむ。
　　絲框(いとわく)　まわる、
　　　　　からから　まわる。

二、風吹(かぜふ)きゃ　ひらり、
　　　　　絲(いと)やりゃ　ひらり、
　　大空(おおぞら)　ついて
　　　　　けんけん　はねる。
　　絲框(いとわく)　まわる、
　　　　　くるくる　まわる。

7. 연

1 작은 연이 휘리릭
　　　　　연줄을 채니 휘리릭
　푸른 하늘 찌르고
　　　　　꼬리 흔들다 자리 잡았네
　얼레　　돌아간다
　　　　　달각 달각　돌아간다

2 바람 불어 휘리릭
　　　　　연줄을 푸니 휘리릭
　높은 하늘 찌르며
　　　　　쑥 쑥　　솟아오르네
　얼레　　돌아간다
　　　　　빙글 빙글　돌아간다

八　釜山港(ふさんこう)

一、大船(おうふね)小船(こぶね)出入(いでい)りて、
　　汽車(きしゃ)の響(ひびき)も絶(た)えまなく、
　　　こゝぞ内地(ないち)に連絡(れんらく)の
　　　東亞(とうあ)の關門(かんもん)釜山港(ふさんこう)。

二、長(なが)い棧橋(さんばし)大波止場(おうはとば)、
　　沖(おき)にたなびく黑煙(くろけむり)、
　　　貨物(かぶつ)乘客(じようかく)數知(かずし)れず、
　　　商業(しようぎよう)榮(さか)える釜山港(ふさんこう)。

三、岸(きし)に高(たか)きは龍頭山(りうとうざん)、
　　沖(おき)に見(み)えるは絶影島(ぜつえいとう)、
　　　波(なみ)おだやかに水(みず)深(ふか)く、
　　　ながめもよしや釜山港(ふさんこう)。

8. 부산항

1 큰 배 작은 배가 드나들고
　기차소리 끊이지 않는
　　여기야말로 내지(內地)로 연결되는
　　동아시아의 관문 부산항

2 길다란 잔교의 큰 선창
　먼 바다에 나부끼는 검은 연기
　　화물 승객 헤아릴 수 없고
　　상업이 번창하는 부산항

3 해안가 높은 곳에 용두산
　멀리 보이는 것은 절영도
　　파도는 잔잔한 데 수심은 깊어
　　조망도 좋구나 부산항

九 갈지라도

一、갈지라도 갈지라도 바다쏘한바다,
　하날씃헤 다은물결 茫茫ー하도다,
　바다라도 건느랴면 능히건느리라,
　저어가세 저어가세 一心을모아서。

二、배와가고 배와가도 깁고도깁도다,
　깁드라도 나종에는 엿흘날잇나니,
　쉬지안코 배와가면 능히배우리라,
　배와가세 배와가세 一心을모아서。

一〇　白頭山

一、거룩다저北에웃쑥서잇서、
　　흰구름을헤치고구버보면서、
　　　　半島의모든뫼를어루만지는、
　　　　崇嚴한白頭山은朝鮮의名山。

二、풀은머리희도록永遠히서서、
　　寒風이불어올가빗막으면서、
　　　　悠久한歷史를속깁히품은、
　　　　神祕한白頭山은朝鮮의名山。

三、깁고맑은하날못을머리에이고、
　　洋洋한鴨綠豆滿일워주면서、
　　　　千古의大森林을씌고서잇는、
　　　　雄壯한白頭山은朝鮮의名山。

第 五 學 年 用

一　雞林(りん)

一、空(そら)靜(しず)かなり、春(はる)彌生(やよひ)、
　　霧(きり)曙(あけぼの)に香(か)をこむる
　　始林(しりん)の間(なか)に雞(とり)が鳴(な)く。
　　金(きん)の鈴(すゞ)、
　　銀(ぎん)の鈴(すゞ)、
　　聲(こゑ)を尋(たづ)ねて森(もり)を行(ゆ)く。

二、忠臣(ちゅうしん)瓠公(ここう)の喜(よろこ)びは、
　　梢(こずゑ)に掛(かゝ)る金(きん)の櫃(はこ)、
　　下(した)に守(まも)れる銀(ぎん)の雞(とり)。
　　開(ひら)く櫃(はこ)、
　　金閼智(きんおち)、
　　天(てん)の授(さづ)けし王子(わうじ)なり。

1. 계림[2]

1 하늘도 고요하구나 춘삼월
　안개 낀 새벽에 향기 머금은
　시림(始林)에서 닭이 우네
　금방울
　은방울
　그 소리 찾아 숲속을 가네

2 충신 호공[3]의 기쁨이란
　나뭇가지에 걸려 있는 금빛상자
　아래서 지켜주는 은빛 닭
　상자 열어 보니
　김알지[4]
　하늘에서 내려주신 왕자라네

2 **계림**(鷄林) : 신라 초기의 국호. 『삼국사기』에 의하면 탈해왕 9년 금성(金城) 서쪽 시림(始林)에서 닭 울음소리가 나서 보니 나뭇가지에 금궤가 걸려 있었다. 금궤에서 빛이 쏟아져 나오고 그 밑에서 흰 닭이 울고 있었는데, 왕이 친히 가서 궤를 열자 수려한 사내아이가 있어서 거두어 키웠다고 한다. 이때부터 그 시림을 계림(鷄林)이라 하고 국호로 삼았다고 한다.
3 **호공**(瓠公) : 커다란 표주박을 허리에 차고 바다를 건너와 신라에 정착한 일본인으로, 초대 혁거세왕부터 4대 탈해왕까지 모신 가신으로 알려져 있다.

三、雞林八道(けいりんはちだう)、名(な)も高(たか)き
　　金城(きんじやう)の昔(むかし)の語(かた)り草(ぐさ)、
　　始林(しりん)の間(なか)に雞(とり)が鳴(な)く。
　　金(きん)の鈴(すゞ)、
　　銀(ぎん)の鈴(すゞ)、
　　空(そら)朗(ほがら)かにうち震(ふる)ふ。

3 계림팔도 명성도 드높은
　금성(金城)의 옛 이야깃거리
　시림에서 닭이 우네
　금방울
　은방울
　하늘 높이 낭랑하게 울려퍼지네

4 **김알지(金閼智)** : 탈해왕 9년 금성(金城) 서쪽 시림(始林)의 나뭇가지에 걸려 있던 금궤에서 난 아이라 하여 성을 김(金)이라 했고, 총명하고 지략이 많아 '알지(閼智)'라고 불렀다고 『삼국사기』는 전한다. 『삼국유사』의 내용도 이와 비슷하나, '알지'는 '아기'를 뜻한다고 하여 약간의 차이를 보인다. 이 설화는 박·석씨보다 먼저 경주에 정착한 김씨 부족이 훗날 정치적인 비중이 커지게 되면서 그들의 토템인 닭과 조상을 연결시켜 만들어 낸 것으로 추측하고 있다. 조선총독부가 〈國語(일본어)〉〈國史(일본사)〉〈唱歌〉 등 초등교과서에 이러한 내용을 일본 위주로 윤색하여 수록하였다.

二　がちの巣

一、葉(は)が散(ち)りや、
　　　ぽぷらは骨(ほね)ばかり、
　さらけ出(だ)された
　　　がちの巣(す)に、
　今日(けふ)も北風(きたかぜ)
　　　音(おと)ばかり。

二、暮(く)れりや、
　　　溫突(おんどる)煙(けむ)ばかり、
　空屋(あきや)灯(ひ)のない
　　　がちの巣(す)に、
　今宵(こよひ)みぞれが
　　　ふるばかり。

2. 까치집

1 잎이 떨어지니
　　　포플러나무는 앙상한 가지 뿐
　휑히 드러난
　　　까치둥지엔
　오늘도 차디찬
　　　바람소리 뿐

2 해가 저무니
　　　굴뚝 연기 뿐
　불빛 없는 빈 집
　　　까치둥지엔
　이 밤도 진눈깨비만
　　　내릴 뿐

三　高麗(こま)の舊都(きうと)

一、高麗(こま)の都(みやこ)は址(あと)さびて、
　　照(て)らす月影(つきかげ)變(かは)らねど、
　　星霜(せいさう)うつる五百年(ごひやくねん)、
　　　昔(むかし)の姿(すがた)、今(いま)いづこ。

二、朝(あした)望(のぞ)みし高樓(かうろう)や、
　　華(はな)やかなりし代々(よゝ)のあと、
　　夕日(ゆふひ)に烏鵲(うしやく)とび交(か)ひて、
　　　昔(むかし)の光(ひかり)、今(いま)いづこ。

三、書院(しよゐん)の軒(のき)は傾(かたむ)きて、
　　文(ふみ)讀(よ)む人(ひと)もあと絶(た)えぬ。
　　七重石塔(なゝへせきたふ)苔(こけ)ぞむす。
　　　榮(さか)えし昔(むかし)夢(ゆめ)なれや。

四、滿月臺(まんげつだい)の影(かげ)淡(あは)く、
　　恨(うらみ)は長(なが)し、善竹橋(ぜんちくけう)。
　　城頭(じやうとう)梢(こずえ)夜嵐(よあらし)に、
　　　榮(さか)えし昔(むかし)咽(むせ)ぶらん。

3. 고려의 옛 수도

1 고려의 옛 수도 황폐해져
　　비추는 달빛 변함없건만
　흘러간 그 세월 5백 년
　　그 옛날 모습 지금 어디에

2 아침에 바라보는 높은 누각이여
　　화려했던 오랜 시절의 흔적
　저녁노을에 가막까치 이리저리 날고
　　그 옛날 영광 지금 어디에

3 서원의 처마는 기울어지고
　　글 읽는 사람도 찾는 이 없네
　칠층석탑 이끼가 끼었네
　　영화롭던 그 옛날 꿈이런가

4 만월대 그림자 희미하고
　　한(恨)은 길어라 선죽교
　성루의 나뭇가지 세찬 밤바람에
　　영화롭던 그 옛날 아련해지네

四　木(き)うゑ

一、うゑよやうゑよや、
　　　　　かはいゝ小松(こまつ)を。
　　松(まつ)はすずしい
　　　　　日(ひ)かげをつくる。

二、そだてよそだてよ、
　　　　　みどりの小松(こまつ)を。
　　松(まつ)は冬(ふゆ)でも
　　　　　みさををかへぬ。

三、うれしやたのしや、
　　　　　われらの山(やま)には、
　　松(まつ)のはやしが
　　　　　ずんずんしげる。

4. 나무심기

1 심어보세 심어보세
　　사랑스런 어린 소나무를
　소나무는 시원한
　　그늘을 만든다네

2 키워보세 키워보세
　　푸르른 어린 소나무를
　소나무는 겨울에도
　　절개를 지킨다네

3 기쁘고도 즐겁구나
　　우리들의 산에는
　소나무숲이
　　무럭 무럭 무성하다네

五　鄭民赫(てふみんかく)

一、朝(あした)は山(やま)に　　　薪(たきゞ)とり、
　　夕(ゆふべ)は町(まち)に　　　荷(に)を運(はこ)び、
　　かよわい腕(うで)で、　　　はたらいて、
　　母(はゝ)を養(やしな)ふ　　　けなげさよ。

二、身(み)は富(とみ)、家(いへ)は　榮(さか)えても、
　　親(おや)の居(を)られた　　　その頃(ころ)を
　　ながく忘(わす)れず、　　　つましうも
　　暮(くら)す心(こゝろ)の　　　けだかさよ。

三、貧(まづ)しいものや　　　　病(や)むものを
　　いたはり助(たす)け、　　　物(もの)をやり、
　　人(ひと)の手本(てほん)と、　今(いま)もなほ
　　敬(うやま)はれ居(を)る　　　尊(たふと)さよ。

5. 정민혁

1 아침에는 산에서　　땔감을 하고
　저녁에는 마을에서　　짐을 나르며
　어린 몸으로　　　　　일하여
　어머니를 봉양하는　　기특함이여

2 신분이 상승하고 가문이　번창해져도
　부모가 살아 계시던　　그 시절을
　언제나 잊지 않고　　　검소하게
　살아가는 마음의　　　단정함이여

3 가난한 자나　　　　　병든 자를
　위로하고 도와주려고　물품을 건네니
　타의 모범으로　　　　지금도 여전히
　존경받고 있는　　　　고귀함이여

六　燕(つばめ)

一、兄(あに)なる怒夫(のるぶ)は無慈悲(むじひ)もの、
　　おとうと興夫(ふんぶ)はやさしい男(をとこ)、
　　家財(かざい)みな兄(あに)がとり、
　　おとうと親子(おやこ)は貧(まづ)しう暮(くら)す。

二、やさしい興夫(ふんぶ)に燕(つばめ)の子(こ)、
　　助(たす)けてもらつた報(むく)いの瓢(ひさご)、
　　ざつくりとわつたれば、
　　錢(ぜに)米(こめ)わき出(だ)し、家(いへ)さへできた。

三、無慈悲(むじひ)な怒夫(のるぶ)に燕(つばめ)の子(こ)、
　　あしうち折(を)られた報(むく)いの瓢(ひさご)、
　　ざつくりとわつたれば、
　　惡魔(あくま)に出られて、辛(から)い目(め)を見(み)た。

6. 제비

1 형 놀부는 무자비한 사람
　　동생인 흥부는 착한 남자
　　　가산은 모두 형이 차지하고
　동생 가족은 가난하게 살아가네

2 착한 흥부를 만난 어린 제비
　　구해 준 보답의 조롱박
　　　쫙 쪼갰더니
　금 은 보화 쏟아지고 집도 생겼네

3 무자비한 놀부를 만난 어린 제비
　　다리 부러뜨린 댓가의 조롱박
　　　쫙 쪼갰더니
　악마가 나와서 혼쭐 났다네

七　鴨綠江(あふりよくかう)

一、白頭山(はくとうざん)から　　わきでて西(にし)へ、
　　山々(やまやま)谷々(たにだに)　けはしい中(なか)を、
　　はるばる流(なが)れて、　　　二百里(にひやくり)あまり、
　　日本(につぽん)第一(だいいち)、あ、鴨綠江(あふりよくかう)。

二、楚山(そざん)昌城(しやうじやう)　義州(ぎしう)を始(はじ)め、
　　都邑(といふ)のかずかず　　　この川(かは)にそふ。
　　日清(につしん)日露(にちろ)の　戰(いくさ)のあつた、
　　名高(なだか)いところも　　　この川(かは)の岸(きし)。

三、三千(さんぜん)餘尺(よしやく)の　開閉橋(かいへいけう)を
　　渡(わた)れば、下(した)には　水(みづ)靑々(あをあを)と、
　　大船(おほふね)小舟(こぶね)や　いかだも浮(うか)ぶ
　　日本(につぽん)第一(だいいち)、あ、鴨綠江(あふりよくかう)。

7. 압록강

1 백두산에서　　　　　시작되어 서쪽으로
　많은 산들과 계곡　　험한 곳을
　멀리 멀리 돌아　　　2백 리 남짓
　아- 일본 제일의　　 압록강

2 초산 창성　　　　　 의주를 비롯
　수많은 도읍들도　　 이 강줄기따라
　청일, 러일　　　　　전쟁의 격전지로
　유명한 곳도　　　　 이 강기슭

3 3천여 척의　　　　　개폐교(開閉橋)를
　건너니 아래로는　　 푸르디 푸른 강물에
　큰 배 작은 배와　　 뗏목도 떠다닌다.
　아- 일본 제일의　　 압록강

八 遲刻마세

一、고요한校庭에들어서보니、
　　가슴이울넝울넝눈물핑그르、
　　　　가만가만複道를적여드디니、
　　녜업시마루청쎄걱거리네。
　　　　敎室門손잡이에손을대이니、
　　　　쏘다시겁이나고몸이썰닌다。

二、간신히용긔내여문열고보니、
　　웬일인가그소리요란도하다。
　　　　공부하든동모의눈瞳子들은、
　　一齊히나에게로쏠니는듯。
　　　　별안간얼골은확근하는대、
　　　　先生님말삼바다著席하얏다。

三、冊褓는싈넛스나지금배는곳、
　　어듸가어듸인지알수업다。
　　　　多情한同伴의가르쳐줌에、
　　感淚어려글字가雙으로뵈네。
　　　　오날當한이붓그럼엇지니즐가、
　　　　盟誓코日後에는遲刻말니라。

九 放學의作別

一、流水갓흔歲月이無情하야서、
　　어느듯放學날이다달앗스니、
　　金蘭갓치사랑하는우리學友들、
　　오날날親切한쯧더욱깁도다。

二、사랑하는우리同窓학우들은、
　　作別의섭섭한情못이긔여서、
　　손을들어서로勸告하는말이、
　　아모조록貴한身體保重하시오。

三、몸은비록各處로써날지라도、
　　맘과쯧은닛지말고相通할지니、
　　放學동안身體건강서로빌어서、
　　깃붐으로노래하야作別합시다。

一〇 餘業의滋味

一、우리牛島조흔副業　　그무엇인가、
　　收益만코하기쉽것　　여러가지라。
　　겨를업다핑계말고　　活動하야서、
　　우리살님넉넉하게　　살아봅시다。

二、한두마리소와말을　　잘만먹이면、
　　농ᄉᆞ지을밋천은　　　넘녀가업고、
　　봄과가을철을쌀아　　누에를치면、
　　구실내고家用씀에　　넉넉하리라。

三、남은飮食헤진나달　　利用하야서、
　　닭과돼지몃마리식　　부대길으오、
　　아버지쎄肉味봉양　　쌴돈안들고、
　　ᄋᆞ히들의月謝도　　　보태씁시다。

四、뒷山압들꼿츨쫏차　養蜂을하면、
　　꼿졍긔로비즌그쑬　향긔로우며、
　　사태굽과개쳔가에　植木해두면、
　　녀름水害겨울치위　근심이업네。

五、뒷동산에地形쌀아　果樹심으고、
　　압련못에貯水하야　養魚합시다、
　　自然의그景致도　아름다우며、
　　온갓實果성한싱션　맛도조토다。

六、담밋과밧머리에　쏑을각구고、
　　돌담불도깁히갈아　棉花심으세、
　　북도드는늙은이와　꼿짜는ᄋ히、
　　소사나는그즈미에　수고몰으네。

第 六 學 年 用

一　ぱかちの船(ふね)

一、小人(こびと)の島(しま)の
　　　　渡(わた)し船(ぶね)、
　　まるいぱかちの
　　　　空船(からふね)が、
　　今朝(けさ)の濱邊(はまべ)に
　　　　ころげてた。

二、青(あを)い月夜(つきよ)の
　　　　波(なみ)の上(うへ)、
　　ゆらりこゆれた
　　　　葦(あし)の櫂(かい)、
　　何處(どこ)の濱邊(はまべ)に
　　　　ついたやら。

1. 바가지 배

1 소인국의
　　　나룻배
　동그란 바가지
　　　빈 배가
　오늘 아침 해변에
　　　뒹굴고 있었네

2 푸른 달밤
　　　물결 위에
　흔들 흔들 흔들린다
　　　갈대로 젓는 노
　어느 해변에
　　　도착했을까

二　野邊(のべ)の秋(あき)

一、朝霧(あさぎり)のこる谷川(たにがは)の
　　　清(きよ)き巖(いはほ)のせゝらぎに、
　　ひゞく砧(きぬた)の音(おと)冱(さ)えて、
　　　みやびつきせぬ野邊(のべ)の秋(あき)。

二、黃金(こがね)波(なみ)うつ千町田(ちまちだ)の
　　　鳴子(なるこ)の音(おと)におどろきて、
　　畷(なはて)越(こ)え行(ゆ)くむら雀(すずめ)、
　　　みやびつきせぬ野邊(のべ)の秋(あき)。

三、夕日(ゆうひ)に映(は)ゆるもみぢ葉(ば)の
　　　梢(こずゑ)靜(しづ)かにたそがれて、
　　み空(そら)をわたる雁(かりがね)の
　　　みやびつきせぬ野邊(のべ)の秋(あき)。

四、眞澄(ますみ)の月(つき)の冱(さ)えわたり、
　　　すゝきの影(かげ)をうつすとき、
　　草葉(くさば)にすだく虫(むし)のこゑ、
　　　みやびつきせぬ野邊(のべ)の秋(あき)。

2. 들녘의 가을

1 아침 안개 자욱한 계곡
　　바위틈의 맑은 시냇물소리
　울려퍼지는 다듬이질소리 선명한
　　멋스런 풍경 가득한 들녘의 가을

2 황금물결 넘실대는 넓은 들녘에
　　새 쫓는 깡통소리에 깜짝 놀라서
　논두렁길 날아가는 참새 떼
　　멋스런 풍경 가득한 들녘의 가을

3 석양에 비치는 단풍잎
　　나뭇가지에 조용히 황혼이 지고
　창공을 날아가는 기러기 떼
　　멋스런 풍경 가득한 들녘의 가을

4 맑디 맑은 달빛이 밝게 비추며
　　억새풀 그림자를 비출 때
　풀잎에 요란스런 풀벌레소리
　　멋스런 풍경 가득한 들녘의 가을

三　百濟(くだら)の舊都(きうと)

一、代(よ)は三國(さんごく)のその昔(むかし)、
　　百濟王朝(くだらわうてう)末(すゑ)のころ、
　　六代(ろくだい)都(みやこ)ありし地(ち)は、
　　今(いま)忠南(ちゆうなん)の夫餘(ふよ)の里(さと)、
　　いざ尋(たづ)ね見(み)ん、その址(あと)を。

二、東西北(どうざいほく)の三面(さんめん)は
　　高臺(たかだい)めぐり、南(みんなみ)に
　　白馬(はくば)の流(ながれ)ひかへたる、
　　げに形勝(けいしよう)の王城地(わうじやうち)、
　　半月城(はんげつじやう)の名(な)も床(ゆか)し。

三、唐(たう)の大將(たいしやう)蘇定方(そていはう)、
　　新羅(しらぎ)の軍(ぐん)を攻(せ)めよせて、
　　義慈王(ぎじわう)遂(つひ)にほろぼされ、
　　その名(な)留(とゞ)むる平濟塔(へいさいたふ)。
　　夕日(ゆふひ)はうつる碑(いし)の文(ふみ)。

3. 백제의 옛 수도

1 때는 삼국시대 먼 옛날
　　백제 왕조 말 경
　　　6대째 도읍지였던 땅은
　　　　지금의 충남 부여 지역
　　　　　자- 찾아가보자 그 자취를

2 동 서 북 삼면은
　　고지로 둘러싸이고, 남쪽으로
　　　백마강이 펼쳐져 있는 요충지로
　　　　빼어난 도읍지(王城地)
　　　　　반월성(半月城) 이름도 품위 있어라

3 당나라 장수 소정방(蘇定方)
　　신라군과 연합 공격하여
　　　마침내 의자왕을 멸망시켜
　　　　그 이름 새겼네 평제탑
　　　　　석양은 비추네 석탑의 글귀

四、名(な)もなつかしき迎月臺(げいげつだい)、
　　送月臺(そうげつだい)もさながらに、
　　　月(つき)に昔(むかし)やかこつらん。
　　　　御殿(ごてん)のあとに殘(のこ)るかめ
　　　　　瓦(かはら)・石槽(いしぶね)めづらしや。

五、劉仁願碑(りうじんぐわんひ)、文(ふみ)は消(き)え、
　　軍倉(ぐんさう)あとに埋(うも)れたる、
　　　燒(や)けし黑米(くろごめ)とるだにも、
　　　　なほ偲(しの)ばるゝ幾萬(いくまん)の
　　　　　兵士(つはもの)共(ども)の魂(たま)いづこ。

4 이름도 정겨워라 영월대(迎月臺)
　　송월대(送月臺) 또한 정겹도다
　　　달빛에 그 옛날을 한탄하누나
　　　　성터에 남아 있는 항아리
　　　　　기와 석조5도 진귀하구나

5 깨진 인원비6의 글은 지워지고
　　군 창고터에 묻힌
　　　타버린 검은 쌀을 주워보아도
　　　　더욱 그리워지는 수많은
　　　　　병사들의 혼은 어디에

---

5 **석조**(石槽) : 백제시대의 유물인 부여의 석조는 표면에 일정한 간격을 두고 8개의 세로줄이 새겨져 있어, 부여 정림사지 오층석탑(국보 제9호)의 1층탑 몸돌에 새겨진 당나라가 백제를 평정했다는 내용과 같은 글을 새기려던 흔적이 보인다. 형태가 풍만하면서도 깔끔한 곡선으로 처리되어 백제인의 간결하고 소박한 미적 감각이 잘 나타나 있다.
6 **인원비**(仁願碑) : 당나라 장수 유인원(劉仁願)의 공적을 기리기 위해 세운 비(碑). 부소산에 세 조각으로 깨진 채 흩어져 있던 것을 그 자리에 비각을 세워 복원해 두었다가 해방 후 국립부여박물관으로 옮겨 놓았다.

六、洛花岩(らくくわがん)頭(とう)嘯(うそぶ)けば、
　　たゞ秋風(あきかぜ)の颯々(さつさつ)と、
　　官女(くわんぢよ)の靈(たま)や咽(むせ)ぶらん。
　　皐蘭(かうらん)かをる皐蘭寺(かうらんじ)、
　　　法(のり)の燈明(あかし)の影(かげ)淡(あは)
　　し。

七、佛(ほとけ)の教(をしへ)いとゞしく、
　　榮(さか)え榮(さか)えて日(ひ)の本(もと)に
　　傳(つた)へたる代(よ)の慕(した)はしく、
　　　釣龍臺(てうりゆうだい)の怪岩(くわいがん)
　　は
　　　渦卷(うづま)く淵(ふち)に物凄(ものすご)
　　し。

八、興亡(こうばう)すべて夢(ゆめ)に似(に)て、
　　星霜(せいさう)こゝに一千年(いつせんねん)、
　　心(こゝろ)ありげの山(やま)よ江(かは)、
　　永遠(とは)に語(かた)りつ、とことはに
　　　舊都(きうと)の天地(てんち)守(まも)れか
　　し。

6 낙화암 위에서 시를 읊으니
　　　그저 가을바람 소리만 윙윙
　　　　궁녀들 영혼의 흐느낌이련가
　　　　　고란초 향긋한 고란사(皐蘭寺)
　　　　　　불법의 등불 그림자 희미하여라

7 부처의 가르침 더욱더
　　　찬란하게 꽃피워 일본에
　　　　전했던 그 때가 그리워라
　　　　　조룡대(釣龍臺) 기암괴석은
　　　　　　소용돌이치는 물살에 굉장하구나

8 흥망성쇠 모든 것 꿈과 같아서
　　　그 세월 여기에 1천 년
　　　　정들었던 산과 강이여
　　　　　영원히 전하리 이 세상 끝까지
　　　　　　옛 도읍지 하늘과 땅 지켜보리라

四　成三問(せいさんもん)

一、學(まなび)の道(みち)の　杖(つゑ)となり、
　　　知識(ちしき)の庫(くら)の　鍵(かぎ)となる、
　　我(わ)が諺文(おんもん)は　誰(た)が作(さく)ぞ。

二、王命(わうめい)帶(お)びて、遼東(れうどう)に
　　　學者(がくしや)訪(たづ)ぬる　十三度(じふさんど)、
　　苦心(くしん)重(かさ)ねし　成三問(せいさんもん)。

三、婦女子(ふぢよし)の文字(もじ)と　捨(す)てられし
　　　星霜(せいさう)過(すぎ)て　五百年(ごひやくねん)、
　　勳(いさを)は文(ふみ)の花(はな)と咲(さ)く。

4. 성삼문

1 배움의 길 지팡이 되어
　　지식의 창고 열쇠가 되는
　우리의 한글은 누가 만들었나

2 왕명을 받들어 요동(遼東)에
　　학자 찾아가기를 13번7
　고심을 거듭한 성삼문

3 아녀자의 문자라고 업신여겨져
　　세월 흘러서 5백 년
　공적은 문장(한글)으로 꽃 피었네

7 **성삼문**(成三問) : 조선시대 초기의 집현전 학자. 1442년 박팽년, 신숙주, 하위지, 이석정 등과 삼각산 진관사(津寬寺)에서 사가독서(賜暇讀書)를 하였다. 세종대왕의 한글창제를 이루기 위해 정음청(正音廳)에서 정인지, 최항, 박팽년, 신숙주, 강희안, 이개 등과 함께 요동(遼東)에 유배되어 있던 명나라 한림학사(翰林學士) 황찬(黃瓚)에게 13번이나 내왕하면서 음운(音韻)을 질의한 후, 다시 명나라로 건너가 음운 연구를 겸하여 교장(敎場)의 제도를 연구하였다. 1446년 9월 29일 세종대왕이 훈민정음(訓民正音)을 반포하기까지 큰 공을 세운 충신이다.

五　ぽぷら

一、のどかなる春(はる)の日(ひ)ざしにうす青(あを)く、
　　芽(め)ぐめる梢(こずゑ)　空(そら)高(たか)く、
　歌(うた)ふひばりにとゞかんと、
　　伸(の)び行(ゆ)くぽぷら。

二、朝(あさ)の日(ひ)を斜(なゝめ)にうけて、涼(すゞ)しげに
　　ざわめく梢(こずゑ)、ま綠(みどり)の
　大氣(たいき)のゆらぎ、實(げ)に夏(なつ)の
　　ぽぷらは男々(をゝ)し。

三、赤土(あかつち)の丘(をか)のかなたの紺靑(こんじやう)の
　　秋空(あきぞら)高(たか)く、落(お)ちのこる
　ま黄(き)の葉(は)六(むつ)つ、しづけくも
　　ゆかしきぽぷら。

四、雪(ゆき)もよひ、ひくき冬空(ふゆぞら)、ひとりしも
　　立てる裸木(はだかぎ)、木枯(こがらし)は
　梢(こずゑ)拂(はら)へど、來(こ)ん春(はる)を
　　耐(た)へ待(ま)つぽぷら。

5. 포플러나무

1 화창한 봄날 햇살에 파릇하게
　　움트는 가지, 하늘 높이
　노래하는 종달새 닿으려고
　　뻗어가는 포플러나무

2 아침 햇살 비스듬히 받아 시원스럽게
　　흔들거리는 가지, 진초록
　대기의 흔들림, 참으로 여름의
　　포플러나무는 씩씩하여라

3 황토 언덕 저편 짙푸른
　　가을하늘 높고 떨어지고 남은
　샛노란 잎이 여섯, 고요하고도
　　정취 있는 포플러나무

4 눈이 올 듯한 낮은 겨울하늘, 홀로
　　서 있는 벌거숭이 나무 삭풍은
　나뭇가지 끝에 불어도 오는 봄을
　　참고 기다리는 포플러나무

六　昔脱解(せきだつかい)

一、金(きん)の小櫃(こばこ)にこめられて、
　　はるばる海(うみ)に流(なが)さるゝ
　　　昔脱解(せきだつかい)はどこへ行く。
　　　　金官國(きんくわんこく)を漂(たゞよ)
　　へど、
　　　人々(ひとびと)怪(あや)しみ近(ちか)
　　よらず。

6. 석탈해

1 작은 금상자에 담겨져
　　멀리 멀리 바다로 흘러간
　　석탈해8는 어디로 가나
　　금관국을 떠다녀도
　　사람들 이상히 여겨 가까이 않네

8 **석탈해**(昔脫解) : 난생신화의 주인공으로 신라 제4대 왕이자 석씨의 시조이다. 재위 57~80. 『삼국사기』에 탈해는 본래 다파나국(多婆那國) 출생으로 기록되어 있다. 탈해왕의 출생과 왕위에 오르기까지의 과정은 오히려 조선총독부 편찬 『국어독본』에 더 상세하게 수록되어 있다. 그 내용은 "다파나국의 왕이 여국왕의 딸을 데려다 아내로 삼아 아이를 낳았는데 그것이 커다란 알로 태어나 왕으로부터 바다에 버리라는 명을 받는다. 그러나 왕비는 그것을 차마 버리지 못하고 알을 싸서 보물과 함께 상자에 넣어 바다에 흘려보낸다. 그 상자가 금관국의 어느 해변에 닿았으나 아무도 거들떠보지 않았다. 상자는 다시 신라국의 해변에 닿았고, 거기서 한 노파에게 발견된다. 노파가 상자를 열어보니 잘생긴 아이가 있었고, 노파는 정성들여 아이를 양육한다. 노파의 정성어린 돌봄에 힘입어 탈해는 학문을 익혀 이름이 나게 되었고 마침내 제2대 왕 남해왕의 눈에 띄어 남해왕이 딸을 주어 아내로 삼게 했으며, 관직을 주어 정사를 맡겼다. 그리하여 3대 누례왕이 붕어하자 뒤이어 왕위에 오르게 되었다."하여 혁거세와 더불어 초기 신라왕의 출생지가 일본임을 암시하며 식민지 동화정책의 이론인 '일선동조론'을 도출해내었다. 한편, 탈해에게 석씨의 성이 부여된 것은 알이 담긴 상자가 해변에 닿았을 때, 까치가 따라다닌 것을 본 어떤 사람이 까치 작(鵲字)의 한 편을 떼어낸 '석(昔)'씨로 성을 삼게 했다고 전해진다.

二、金(きん)の小舟(こぶね)に棹(さを)させば、
　　夕月(ゆふづき)照(て)らす海(うみ)の上(うへ)、
　　昔脱解(せきだつかい)はどこへ行(ゆ)く。
　　　向(むか)ふの岸(きし)の阿珍浦口(あちんぽこう)、
　　　　聲(こゑ)朗(ほがら)かにがちが鳴(な)く。

三、正直(しやうぢき)老婆(ろうば)にたすけられ、
　　揚山麓(やうさんろく)に智(ち)をみがく
　　　昔脱解(せきだつかい)は王(わう)のする。
　　　やがて學(がく)成(な)り、ほまれえて、
　　　　その名(な)は高(たか)し、新羅王(しらぎわう)。

2 작은 금배 노를 저으니
　　　초저녁달 비추는 바다 위
　　　　석탈해는 어디로 가나
　　　　　건너편 기슭의 아진포구(阿珍浦口)
　　　　　　낭랑한 소리로 까치가 우네

3 정직한 노파에게 구조되어
　　　양산 기슭에서 지혜를 연마하는
　　　　석탈해는 왕의 자손
　　　　　이윽고 학문을 이루어 칭송 받아
　　　　　　그 이름도 드높은 신라왕

七　京城(けいじやう)

一、白丘南山(はくがくなんざん)　むかひ立(た)つ、
　　中(なか)ににぎはふ　京城(けいじやう)は、
　　二十八萬(にじふはちまん)の　人(ひと)住(すん)で、
　　我(わ)が總督府(そうとくふ)　あるところ。

二、漢陽公園(かんやうこうゑん)　倭城臺(わじやうだい)、
　　登(のぼ)つて見(み)よや、軒(のき)並(なら)ぶ
　　大路(おうみち)小路(こみち)、漢江(かんかう)に
　　浮(うか)む白帆(しらほ)も　たゞ一目(ひとめ)。

三、宮殿(きうでん)樓門(ろうもん)　諸官廳(しよくわんちやう)、
　　いらかの波(なみ)は　日(ひ)に映(は)えて、
　　銀行(ぎんかう)會社(くわいしや)　さまざまの
　　大建(おほたて)物も　美(うつく)しや。

7. 경성

1 백악 남산이　마주 선 가운데에
　　번화한　경성은
　인구 28만 명이　살고 있는
　　우리 총독부가　있는 곳

2 한양공원　왜성대
　　올라가 보니　집들이 늘어선
　큰 길 작은 길　한강에
　　떠 있는 하얀 돛배도　바로 한눈에

3 궁궐 누문(樓門)　수많은 관청
　　용마루의 물결은　햇빛에 빛나고
　은행 회사　다양한
　　큰 건물도　아름다워라

四、電車(でんしや)・自動車(じどうしや)・ 馬車(ばしや)・
　　人車(じんしや)
　　　　電燈(でんとう)・瓦斯(がす)に 上水道(じやうすゐだう)、
　　電話(でんわ)せはしく、日(ひ)に夜(よる)に
　　　　人(ひと)の住來(ゆきき)も たえまなや。

五、こゝより通(かよ)ふ 鐵道(てつだう)は、
　　　　京釜(けいふ)・京元(けいげん)・ 京義線(けいぎせん)、
　　交通(かうつう)の便(べん) そなはりて、
　　　　朝鮮(てうせん)一(いち)の 大都會(だいとくわい)。

4 전차 자동차 마차 인력거
　　　전등 가스 상수도
　　전화도 빈번하고 밤낮으로
　　　사람의 왕래도 끊임없구나

5 여기서 출발하는 철도는
　　　경부 경원 경의선
　　교통의 편의 갖추어진
　　　조선 제일의 큰 도시

八　女子(ぢよし)の務(つとめ)

一、朝(あさ)な夕(ゆふ)なにうまず働(はたら)き、
　　花(はな)の衣(ころも)もあだには着(つ)けず、
　　　洗濯(せんたく)裁縫(さいほう)休(やす)む間(ま)もなく、
　　　　女子(ぢよし)の務(つとめ)はいそがしや。

二、逆(さか)らはぬをば心(こゝろ)のおきて、
　　温良(をんりやう)の徳(とく)よく身(み)にそなへ、
　　　親(おや)にをつとに誠(まこと)をつくす、
　　　　女子(ぢよし)の務(つとめ)はうつくしや。

三、世(よ)にも名高(なだか)き賢母(けんぼ)の教(をしへ)、
　　かたく守(まも)つて、子供(こども)を育(そだ)て、
　　　費(つひえ)をはぶき、家(いえ)とゝのふる、
　　　　女子(ぢよし)の務(つとめ)はたふとしや。

8. 여자의 본분

1 아침 저녁으로 지칠 줄 모르고 일하며
　고운 옷도 차려 입지 않고
　　세탁과 재봉으로 쉴 새도 없이
　　　여자의 본분은 다망하여라

2 순종함을 마음가짐으로
　순량의 덕 바르게 몸에 갖추어
　　부모님과 지아비에게 성심을 다하는
　　　여자의 본분은 아름다워라

3 참으로 드높은 현모의 가르침
　철저히 지켜서 자녀를 양육하고
　　씀씀이를 줄이고 집안을 바로 잡는
　　　여자의 본분은 소중하여라

九　金剛山(こんがうさん)

一、一萬(いちまん)と二千(にせん)の　山々(やまやま)を見下(みおろ)し、
　　大空(おほぞら)に聳(そび)ゆる　毘盧峰(びるほう)の頂(いたゞき)。
　　　虎(とら)か獅子(しし)か、　仙人(せんにん)か鬼神(きしん)か、
　　立(た)てるすがた　面白(おもしろ)や萬物相(ばんぶつさう)。

二、千年(せんねん)の森林(しんりん)　陰(かげ)暗(くら)く繁茂(はんも)し、
　　どうどうと響(ひゞ)くは　九龍淵(きうりゆうえん)の瀧(たき)つ瀬(せ)
　　　奇巖(きがん)あまた　荒波(あらなみ)に衝(つ)き立(た)ち、
　　眞帆(まほ)や片帆(かたほ)　見(み)え渡(わた)る海金剛(うみこんがう)。

9. 금강산

1 1만 2천 봉우리를　내려다보며
　　　드넓은 하늘에 솟아오른　비로봉 정상
　　　　호랑이인가 사자인가 신선일까 귀신일까
　　　솟아 있는 모습　신기하구나 만물상

2 천년의 숲 그림자 드리운　울창한 초목
　　　우르르 울려퍼지는　구룡폭포의 급류
　　　　기암괴석　풍파에 씻기고
　　　순풍에 돛단배　모두 건너다보이는 해금강

三、これぞこれ朝鮮(てうせん)　金剛(こんがう)の山景(さんけい)。
　　金剛(こんがう)を見(み)ずんば　天下(てんが)の景色(けいしよく)を
　　　語(かた)るなかれ。　皆(みな)行きて見(み)よ見(み)よ、
　　たぐひ知(し)らぬ　造化(ざうくわ)の妙技(めうぎ)を。

3 이것야말로 조선의 금강산 풍경
　　금강산을 보지 않고 천하의 경치를
　　　논하지 말라. 모두 가서 구경이나 하세
　　비할 데 없는 자연의 조화를

一〇　冬季遠足

一、萬事의根本인　　　　나의一身을、
　　强健케하량이면　　　　　鍛鍊할지라。
　　便하게만자라난　　　　弱質의몸은、
　　　무슨일當한째에　　　　堪耐못하네。

二、豆滿江의어름과　　　　白頭山의눈、
　　　平地갓치밟아서　　　　갓다와보세。
　　못갈것이무엇인가　　　　가면가겟지、
　　　目的地를未達하면　　　　男子아닐세。

三、鐵杖갓흔다리와　　　　돌갓흔발촉、
　　　勇氣잇게나아감을　　　　뉘라막을가、
　　壯快한이遠足을　　　　맛친後에는、
　　　頭腦의健實함도　　　　自在하리라。

大正十五年一月十二日飜刻印刷
大正十五年一月十五日飜刻發行

（唱歌）了
定價金八十錢

著作權所有　著作兼　朝　鮮　總　督　府
　　　　　　發行者

京城府元町三丁目一番地

飜刻發行　朝鮮書籍印刷株式會社
兼印刷者

代表者　井　上　主　計

京城府元町三丁目一番地

發　行　所　　朝鮮書籍印刷株式會社

本書は朝鮮總督府著作教科書を複製したものです。

찾아보기 일본어

あさがお ……………………98	劉仁願碑(おうじんぐわんひ) ……452
いかだ ………………………238	三日月様(みかずきさま) ………406
おもいやり …………………266	乃木大將(のぎたいしよう) ……302
かぞへ(え)歌(うた) …………312	乙密臺(おつみつだい) …………214
がちの巣(す) …………………428	二宮金次郎(ニノミヤキンジロウ) ……108
きぬた ………………………408	京城(けいじよう) ………………250
つとめてやまず ……………310	俵(たわら)數(かず) ……………254
ぱかちの船(ふね) ……………446	倭城臺(わじようだい) …………250
ぽぷら ………………………458	兎(ウサギ)ト龜(カメ) ……………62
まなびの道(みち) ……………294	冬景色(ふゆげしき) ……………330
みかどの御紋(ゴモン) …………100	勅語奉答(チヨクゴホウトウ) ……52
みがかずば …………………294	千代(チヨ)に八千代(ヤチヨ)に ……48
もぐら ………………………384	千年(せんねん)の森林(しんりん) ……322
アカイトンボ …………………352	卒業式(ソツギョウシキ) …………54
イヂワルジジイ ………………76	取入(とりいれ) ……………………254
オ月(ツキ)サマ ………………60	吉野山(よしのやま) ……………298
カタツムリ …………………190	君(キミ)がよ ……………………44
ガッコウ ………………………148	善竹橋(ぜんちくけう) …………430
ギイッコンバッタン ……………358	四(ヨ)たびの眠(ネム)り ………114
サクラノハナ …………………74	四十雀(しじうから) ……………386
ショウジキジジイ ………………76	四時景概歌 ………………………402
ステッセル ……………………302	土(ど)まんじう …………………368
タコ ……………………………66	天長節 ……………………………50
ヒヨコ ………………………162	女子(じよし)の務(つとめ) ………270
ブランコ ………………………354	子(コ)リス ………………………356
モモタロウ ……………………70	學(まな)びの光(ひかり) …………314
レンゲノ花(ハナ) ……………158	學(マナ)べ學(マナ)べ ……………186

官女(くわんぢよ)の靈(たま) ……454
富士山(フジサン) ……82
小凧(こだこ) ……416
師(シ)の恩(オン) ……92
御民(みたみ)われ ……310
忠臣(ちゅうしん)瓠公(ここう) ……424
戊申(ボシン)の詔書(シヨウシヨ) ……120
成三問(せいさんもん) ……456
旗(ハタ)トリ ……94
日(ヒ)ノ丸(マル) ……68
日本海海戰(につぽんかいかいせん) ……326
明治天皇御製(めいじてんのうぎよせい) ……292
昔脱解(せきだつかい) ……460
春(はる)彌生(やよひ) ……424
時計(トケイ) ……80
朝霧(あさぎり) ……448
木(キ)ウエ ……182
東亞(とうあ)の關門(かんもん) ……262
松(まつ)の國(くに) ……298
松島(まつしま) ……298
松竹(マツタケ) ……46
栗(くり)の實(み) ……260
棗(なつめ)の木(き) ……302
正直(シヨウジキ) ……106
武門(ぶもん)の面目(めんぼく) ……304
毘盧峰(びるほう) ……322
水(みず)はうつは(わ) ……332
水師營(すいしえい) ……302
池(イケ)ノ鯉(コイ) ……192
汽車(きしゃ) ……418
溫良(おんりよう)の德(とく) ……270

滿作(まんさく) ……254
滿月臺(まんげつだい) ……430
漢陽公園(かんようこうえん) ……250
無慈悲(むじひ)もの ……244
燈籠(どうろう)の畫(え) ……206
燕(ツバメ) ……78
牛飼(かい) ……374
牝雞(メンドリ) ……78
牡丹臺(ぼたんだい) ……214
物(もの)言(い)う龜(かめ) ……204
瑞穗(ミズホ)の國(クニ) ……118
瓢(ひさご) ……244
甕(かめ) ……406
田植(タウエ) ……88
田草(タグサ)とり ……88
病(や)むものを ……318
白頭山(はくとうさん) ……238
百濟(くだら)の舊都(きうと) ……450
石工(いしく) ……388
空船(からふね) ……446
箕子陵(きしりよう) ……214
紀元節 ……48
紅葉(モミジ) ……102
紙鳶 ……128
絲框(いとわく) ……416
絶影島(ぜつえいとう) ……262
美(うつく)しい角(つの) ……404
義慈王(ぎじわう) ……450
老松(オイマツ) ……90
胡瓜(きうり) ……200
花(はな)の國(くに) ……298
花吹爺(ハナサカセジジイ) ……76
茄子(なす) ……200

草鞋(わらじ)踏(ふ)みしめ ·········260
菊(キク)の花(ハナ) ················100
萬世一系(バンセイイッケイ) ·····116
萬物相(ばんぶつそう) ············322
葉末(はずえ) ·······················414
藁屋(わらや) ·······················406
蘇定方(そていはう) ··············450
蠶卵紙(タネガミ) ··················114
豐年(ほうねん) ····················254
貧(まづ)しいもの ·················318
赤土山(あかつちやま) ···········214
運動會(ウンドウカイ) ·············94
鄭民赫(ていみんかく) ···········318
金剛山(こんごうさん) ············322
金剛石(こんごうせき) ············332
金官國(きんくわんこく) ··········460
金閼智(きんおち) ··················424
釜山港(ふさんこう) ···············262
長(なが)いきせる ·················392
長(なが)ぎせる ····················412
開校記念日(かいこうきねんび) ···300
開閉橋(かいへいきよう) ·········238
阿珍浦口(あちんぽこう) ·········462
雁(カリ) ·······························58
雉子(きじ)うちじいさん ··········390
雞林 ···································424
雲雀(ひばり) ·······················240
骨身(ほねみ) ·······················242
高麗(こま)の都(みやこ) ·········430
鳩(ハト) ·····························152
鳴子(なるこ) ·······················448
鴨綠江(おうりよつこう) ··········238
黃金(こがね)波(なみ) ···········448

찾아보기 한글

【ㄱ】

가난한 자 ·················319
가도마쓰 ·················47
가지 ·················201
개교기념일 ·················301
개폐교 ·················239
겨울풍경 ·················331
경성 ·················251
계수나무 ·················125
고려의 옛 수도 ·················431
고추잠자리 ·················353
국화 ·················101
그네 ·················355
금강산 ·················323
금강석 ·················333
금관국 ·················461
기러기 ·················59
기미가요 ·················45
기원절 ·················49
기자릉 ·················215
기차 ·················207
긴 담뱃대 ·················393
김알지 ·················425
깃발뺏기 ·················95
까치집 ·················429
꽃피우는 할아버지 ·················77

꿩 사냥꾼 할아버지 ·················391
끊임없이 노력하며 ·················311

【ㄴ】

나룻배 ·················447
나무심기 ·················183
나팔꽃 ·················99
낙화암 ·················455
널뛰기 ·················359
노기대장 ·················303
노송 ·················91
논두렁길 ·················255
농번기 ·················89
누에고치 ·················115
니노미야 긴지로 ·················109

【ㄷ】

다듬이질 ·················409
단풍 ·················103
달님 ·················61
달음박질 ·················140
달팽이 ·················191
동아시아의 관문 ·················263
두더지 ·················385
뗏목 ·················239

【ㄹ】

량친부모 ·····················125

【ㅁ】

마쓰시마 ·····················299
만물상 ·······················323
만세일계 ·····················117
만월대 ·······················431
말하는 거북이 ···············205
망아지 ·······················87
메이지 천황 ·················293
모내기 ·······················89
모란대 ·······················215
모모타로 ·····················71
무가의 명예 ·················305
무신조서 ·····················121
무자비한 사람 ···············245
물방아 ·······················379

【ㅂ】

바가지 배 ····················447
박새 ·························387
배려 ·························267
배움의 길 ····················293
백두산 ·······················239
백제의 옛 수도 ··············451
벚꽃 ·························75
볏가마 숫자 ·················255
병든 자 ······················319
병아리 ·······················79
부산항 ·······················263
비둘기 ·······················153

비로봉 ·······················323

【ㅅ】

삼국시대 ·····················451
석공 ·························389
석탈해 ·······················461
선죽교 ·······················431
성삼문 ·······················457
소 기르기 ····················375
소정방 ·······················451
수사영 ·······················303
숨박곡질 ·····················140
숫자 노래 ····················313
스승의 은혜 ·················93
시계 ·························81

【ㅇ】

아기다람쥐 ···················357
아름다운 뿔 ·················405
아진포구 ·····················463
아침 안개 ····················449
암탉 ·························79
압록강 ·······················239
얼레 ·························417
여순개성규약(旅順開城規約) ·····303
여자의 본분 ·················271
연 ···························67
연꽃 ·························65
연못의 잉어 ·················193
오이 ·························201
왜성대 ·······················251
요시노산 ·····················299

용두산 ·· 263
운동회 ·· 95
울창한 초목 ································· 323
을밀대 ·· 215
의자왕 ·· 451
인원비 ·· 453
일본해해전 ·································· 327
일장기 ·· 69
일촌광음 ······································ 333

【ㅈ】

작은 연 ·· 417
잠란지 ·· 115
절영도 ·· 263
정민혁 ·· 319
정직 ·· 107
제비 ·· 79
조롱박 ·· 245
조롱대(釣龍臺) ··························· 455
졸업식 ·· 55
종달새 ·· 241
주마등 ·· 207
遲刻마세 ······································ 440
짚신 ·· 103

【ㅊ】

천장절 ·· 51
천황가의 문장 ···························· 101
초가집 ·· 407
초승달 ·· 407
추수 ·· 255
춘삼월 ·· 425

충신 호공(瓠公) ·························· 425
칙어봉답 ·· 53

【ㅌ】

토끼와 거북이 ······························ 63

【ㅍ】

팽이 ·· 365
포플러나무 ·································· 459
풍년 ·· 255

【ㅎ】

학교 ·· 140
한양공원 ······································ 251
항아리 ·· 407
형설의 공 ···································· 315
호코열도 ······································ 117
황금물결 ······································ 449
후지산 ·· 83
흙무덤 ·· 369
흥망성쇠 ······································ 455

편역자소개

김순전 金順槇
- 소　　속 : 전남대 일문과 교수, 한일비교문학・일본근현대문학 전공
- 대표업적 : ①저서 : 『韓日 近代小說의 比較文學的 硏究』, 태학사, 1998년 10월 外
  - ②저서 : 『일본의 사회와 문화』, 제이앤씨, 2006년 9월 外
  - ③저서 : 『식민지조선 만들기』, 제이앤씨, 2012년 11월 外

사희영 史希英
- 소　　속 : 전남대 일문과 강사, 일본근현대문학 전공
- 대표업적 : ①논문 : 「식민지하 敎師養成과 『師範學校修身書』硏究」, 『日本語文學』 제36집, 한국일본어문학회, 2007년 2월 外
  - ②저서 : 『「國民文學」과 한일작가들』, 도서출판 문, 2011년 9월 外

박경수 朴京洙
- 소　　속 : 전남대 일문과 강사, 일본근현대문학 전공
- 대표업적 : ①논문 : 『普通學校國語讀』의 神話에 應用된〈日鮮同祖論本〉導入樣相」, 『日本語文學』 제42집, 日本語文學會, 2008년 8월 外
  - ②저서 : 『정인택, 그 생존의 방정식』, 제이앤씨, 2011년 6월 外

문현일 文賢一
- 소　　속 : 전남대 일문과 객원교수, 일본어학 전공
- 대표업적 : ①논문 : 「日本語の連體修飾構造に現れる「トイウ」の用法分類と各用法間の關係」, 『日語日文學硏究』 40집, 한국일어일문학회, 2002년 2월 外
  - ②저서 : 『기초일본어』, 보고사, 2011년 8월 外

장미경 張味京
소　　속 : 전남대 일문과 강사, 일본근현대문학 전공
대표업적 : ①논문 : 「조선총독부 발간『여자고등보통학교수신서』의 여성상」,『日本學硏究』21집, 檀國大學校 日本硏究所, 2007년 5월 外
　　　　　②편저 :『學部編纂日語讀本 上・下』, 제이앤씨, 2010년 7월 外

박제홍 朴濟洪
소　　속 : 전남대 일문과 강사, 일본근현대문학 전공
대표업적 : ①논문 : 「日帝末 문학작품에 서사된 金玉均像-『청년 김옥균』「배안에서」,『김옥균의 死』를 중심으로」,『日本語敎育』48집, 한국일본어교육학회, 2009년 6월 外
　　　　　②편저 :『朝鮮總督府編纂訂正普通學校國語讀本原文 上・下』, 제이앤씨, 2010년 7월 外

김서은 金瑞恩
소　　속 : 전남대 일문과 대학원 박사과정수료, 일본근현대문학 전공
대표업적 : ①논문 : 「마스무라 야스조(增村保造)영화로「치인의 사랑(痴人の愛)과 만지(卍)읽기」,『日本文化學報』제43집, 韓國日本文化學會, 2009년 11월
　　　　　②논문 : 「가와바타 야스나리의 영화체험과『雪國』의 영화적 재해석」,『日本語文學』, 제53집, 韓國日本語文學會, 2012년 6월

일제강점기 조선총독부 편찬

초등학교 〈唱歌〉 교과서 대조번역 (上)
『新編唱歌集』·『普通學校唱歌書』·『普通學校補充唱歌集』

초판인쇄　2013년 7월 15일
초판발행　2013년 8월　1일

편 역 자　김순전·사희영·박경수·문현일·장미경·박제홍·김서은
발 행 인　윤석현
발 행 처　제이앤씨
등록번호　제7-220호
책임편집　이신·김선은

우편주소　132-702 서울시 도봉구 창동 624-1 북한산현대홈시티 102-1106
대표전화　(02) 992-3253(대)
전　　송　(02) 991-1285
홈페이지　www.jncbms.co.kr
전자우편　jncbook@hanmail.net

ⓒ 김순전 외 2013 All rights reserved. Printed in KOREA

ISBN 978-89-5668-965-4　94190
　　　978-89-5668-964-7 (전3권)　　　　　　　　　정가 39,000원

* 저자 및 출판사의 허락 없이 이 책의 일부 또는 전부를 무단복제·전재·발췌할 수 없습니다.
* 잘못된 책은 교환해 드립니다.